DIE HAND GOTTES
UND ANDERE TANGOS

EDUARDO SACHERI

DIE HAND GOTTES UND

ANDERE TANGOS

FUSSBALLGESCHICHTEN

Aus dem Spanischen von
Matthias Strobel

Berlin Verlag

Die Übersetzung aus dem Spanischen wurde mit den Mitteln
des Auswärtigen Amtes unterstützt durch litprom – Gesellschaft
zur Förderung der Literatur aus Afrika, Asien
und Lateinamerika e. V.

FSC
Mix
Produktgruppe aus vorbildlich
bewirtschafteten Wäldern und
anderen kontrollierten Herkünften
Zert.-Nr. GFA-COC-001278
www.fsc.org
© 1996 Forest Stewardship Council

»Warten auf Tito«, »Sie müssen mich schon entschuldigen«,
»Fallrückzieher«, »Raulitos Club«, »Mit einem Tango zu kicken
ist viel schwerer, als es auf den ersten Blick den Anschein hat«,
»Die hypothetische Wiederauferstehung von Baltasar Quiñones«
und »Entscheidungen« erschienen 2000 in *Esperándolo a Tito*,
Galerna, Buenos Aires
»Genau so ein Lächeln« erschien 2003 in *Un viejo que se pone de pie*,
Galerna, Buenos Aires
»Dann geschah das Merkwürdige«, »Vargas kehrt zurück«
und »Für Achával gab keiner einen Pfifferling« erschienen 2008 in
Lo raro empezó después, Galerna, Buenos Aires
© Eduardo Sacheri, 2000, 2003, 2008
Für die deutsche Ausgabe
© 2010 Berlin Verlag GmbH, Berlin
Alle Rechte vorbehalten
Umschlaggestaltung: Nina Rothfos und Patrick Gabler, Hamburg
Typografie: Birgit Thiel, Berlin
Gesetzt aus der Century Schoolbook von Greiner & Reichel, Köln
Druck und Bindung: CPI – Ebner & Spiegel, Ulm
Printed in Germany
ISBN 978-3-8270-0889-3

www.berlinverlage.de

Es gibt Leute, die behaupten, Fußball habe nichts zu tun mit dem Leben, dem Menschen, dem Wesentlichen.

Was diese Leute vom Leben wissen, kann ich nicht sagen. Aber eines weiß ich bestimmt: Vom Fußball haben sie keine Ahnung.

INHALT

9   Vorwort von Jorge Valdano

11   Warten auf Tito

28   Sie müssen mich schon entschuldigen

37   Fallrückzieher

56   Raulitos Club

66   Mit einem Tango zu kicken ist viel schwerer, als es auf den ersten Blick den Anschein hat

78   Die hypothetische Wiederauferstehung von Baltasar Quiñones

110   Entscheidungen

124   Dann geschah das Merkwürdige

143   Vargas kehrt zurück

155   Für Achával gab keiner einen Pfifferling

178   Genau so ein Lächeln

VORWORT

Erstens: Fußball ist ein begeisterndes Spiel, über das auch geschrieben wird. Zweitens: Argentiniens Leidenschaft für den Fußball ist vollkommen übertrieben. Dahinter steckt eine soziale Pathologie, die einen nicht zu unterschätzenden Vorteil hat: Aus Übertreibungen lernt man.

Ich hielt es immer für unmöglich, dass ein Spiel wie Fußball von einem anderen Spiel wie der Literatur sinnvoll gedeutet werden kann. Ich habe mich geirrt. Die Zeit mildert unsere Obsessionen, und die Intelligenz verwandelt sie schließlich in Kunst. Selbst wenn es sich dabei um etwas so durch und durch Gefühlsseliges handelt wie Fußball. Eduardo Sacheri (wie Osvaldo Soriano, Roberto Fontanarrosa, Eduardo Galeano) schreibt wunderbar über Fußball, weil er sich nicht nur im Fußball auskennt. In seinen Erzählungen ist Fußball mehr als ein Spiel, weil darin Themen wie Stolz, Identität oder Lust an der Selbstdarstellung aufleuchten. Da kann die Schilderung eines Fußballspiels zum Mittel werden, eine Frau zu verführen; ein Boltzplatz zum Schauplatz übersinnlicher Kräfte; ein Spieler zum entlarvten Helden.

Es ist nicht weiter verwunderlich, dass ein mit

dieser Leidenschaft infiziertes Land Persönlichkeiten hervorbringt, die ihr Würde verleihen. Reden wir von Fußball als Spiel, dann ist vor allem einer zu nennen: Diego Armando Maradona. Reden wir von Fußball als Literatur: Eduardo Sacheri. Ich habe mit Diego das WM-Finale 1986 gegen Deutschland gespielt, eine Ehre, für die ich bis an mein Lebensende dankbar sein werde. Ich habe die Aufgabe, das Vorwort zu Eduardo Sacheris erstem Buch zu schreiben, das in Deutschland erscheinen wird. Und mich beschleichen dieselben Zweifel wie damals. Werde ich dieser Herausforderung gerecht? Eines weiß ich bestimmt: Sie haben mit diesem Buch eine gute Wahl getroffen. Wenn Sie Fußball mögen, werden Sie Freude an den tiefgründigen Einsichten des Autors über die Zusammenhänge zwischen Fußball, dem Menschen und der Gesellschaft haben. Wenn Sie Literatur mögen, werden Sie fasziniert sein, wie spielend leicht Eduardo Sacheri zwischen Realismus und Poesie hin und her wechselt.

Auch ich bin fasziniert von diesen Geschichten, habe sie wieder und wieder gelesen. In gewisser Weise beneide ich Sie, denn Sie haben die Lektüre dieses grandiosen Buches voller Überraschungen noch vor sich.

Jorge Valdano

WARTEN AUF TITO

Ich sah zu José, der aufs Dach von Gonzalitos Lastwagen geklettert war. Der Arme, die Enttäuschung stand ihm ins Gesicht geschrieben, wie er so auf Zehenspitzen über das Tor hinweg zur Straße spähte. Aber da war nichts: nur der ungeteerte Weg und in der Ferne das Brummen der Lastwagen. In diesem Moment kam Bebé Grafo und rief großkotzig wie immer: »He, Josesito! Was ist nun mit dem ›Meister‹? Kommt er etwa nicht? Hat wohl Schiss!« Josesito wandte den Blick von der Straße und wollte schlagfertig kontern, aber vor lauter Wut und Ohnmacht brachte er nur ein peinliches Stammeln hervor. Bebé grinste arrogant und ging kopfschüttelnd weg. Schließlich brach sich Josesitos Wut Bahn zu einem »Fickdichinsknie!«. Danach war er vor Anstrengung erst mal außer Gefecht gesetzt.

In diesem Augenblick drehte er sich zu mir um und sah mich an, als bettelte er um einen Satz, der seine Welt wieder in Ordnung bringen würde. »Also, was machen wir jetzt?«, platzte es schließlich aus ihm heraus. Für Josesito war ich so etwas wie ein lebendes Orakel, eine Art unfehlbarer Prophet mit mystischen Fähigkeiten. Vielleicht weil ich der Einzige in seinem Umfeld war, der die Uni besucht hatte. Mehr aus Mitleid als aus Überzeugung sagte ich in beruhigendem Tonfall: »Immer schön cool bleiben, Josesito, er kommt bestimmt gleich.« Frustriert sah er wieder zur Straße, murmelte etwas von einem nicht gehaltenen Versprechen.

Ich nutzte die Gelegenheit, um mich zu den anderen zu gesellen. Sie hatten sich hinter einem der Tore versammelt, einige wickelten sich Bandagen, andere zogen sich die Fußballschuhe an, und zwei kickten einen eierförmigen Ball hin und her. Sie waren nicht so einfach gestrickt wie Josesito, versuchten ihre Nervosität zu überspielen. Pablo machte Dehnübungen und fragte mich wie nebenbei: »He, Carlitos, er kommt doch, oder? Nach all dem Aufruhr, den wir hier veranstaltet haben. Wenn er uns jetzt hängen lässt …«

Um die Truppe nicht zu demoralisieren, spielte ich den Überzeugten und sagte: »Klar, Jungs, wie gesagt, seine Mutter hat es mir am Telefon bestätigt.« Schon rückte Bebé Grafo wieder an: »He, Carlos, kannst du mir mal sagen, warum wir so einen Aufwand betrieben haben, wenn dein toller Freund am Ende gar nicht kommt?« Cañito, der sich gerade die Schuhe fertiggeschnürt hatte, ging dazwischen und blaffte ihn an, er solle sich verpissen. Aber Bebé fuhr fort, mich zu piesacken: »Im Ernst, Carlos, deinetwegen hab ich extra die Jungs zusammengetrommelt, für nichts und wieder nichts. Du hättest lieber gleich sagen sollen, hör mal, Bebé, ich will nicht, dass ihr uns wieder so demütigt wie die letzten neun Jahre, blasen wir das Duell lieber ab.« Er legte seine Hand auf meine Schul-

ter und flüsterte mir vertraulich ins Ohr: »Sag mal,
Carlos, hast du wirklich geglaubt, wir kaufen euch das
ab? Dass er extra aus Europa kommt, um bei unserem
Duell mitzuspielen?« Mich regte weniger auf, dass er so
übertrieb, als vielmehr, dass er womöglich Recht hatte.
Also schnauzte ich ihn an: »Dann sag mir mal, wieso
ihr euch mit Händen und Füßen dagegen gewehrt habt,
dass wir ihn aufstellen! Von wegen keine Profis, nur die
Jungs aus dem Viertel. Wenn's nach dir gegangen wäre,
hätte nicht mal ich mitspielen dürfen, nur weil ich in
die Stadt gezogen bin.«

Es waren wirklich harte Verhandlungen gewesen.
Der Klassiker wurde jedes Jahr ausgetragen, immer
Mitte Oktober, mal in dem einen, mal in dem anderen
Viertel. Das erste Mal, als wir zehn waren. Damals
nahm mein Cousin Ricardo, der im Viertel Textil wohnte, bei einem Besuch den Mund ziemlich voll und be-
hauptete, sie hätten drüben eine unbesiegbare Mannschaft, mit Trikots und allem. Mehr aus Prinzip als aus
Überzeugung reagierte ich tödlich beleidigt und sagte,
wir von hier, von rund um den Platz, hätten ebenfalls
ein Traumteam. Im Nu war das Duell beschlossene
Sache. Auf den letzten Drücker besorgte uns Pablos
Vater Trikots. Sie waren braun, mit gelben und grünen
Streifen. Bah, potthässlich. Aber keine zu haben wäre
noch schlimmer gewesen. An diesem Tag gewannen
wir zwölf zu sieben (mit zehn versucht man noch nicht,
die anderen hinten reinzudrängen, dadurch kommen
offenere Spiele zustande, mit vielen Toren). Tito ver-
senkte acht Dinger. Sie wussten einfach nicht, wie sie

ihn stoppen sollten. Ich glaube, das war Titos erstes Spiel, bei dem es wirklich um etwas ging. Mit vierzehn hat er dann im Verein ein Probetraining absolviert, und die haben ihn vom Fleck weg verpflichtet. Trotzdem hat er bei allen weiteren Duellen mitgespielt, bis er zwanzig war und nach Europa gegangen ist. Danach war Schluss mit lustig. Wir anderen waren alle eher limitiert, aber wir mussten den Ball nur Tito zuspielen, und der ließ sich dann irgendwas einfallen, holte für uns die Kastanien aus dem Feuer. Mit sechzehn, als wir allmählich kräftige Oberschenkel bekamen, engagierten wir einen Verbandsschiedsrichter: den Chino Takawara (seine Eltern waren Japaner, aber für uns war er trotz seiner Proteste »der Chinese«). Ricardo, der Kapitän der anderen, warf uns Bestechung vor: Wir würden nur gewinnen, weil der Chino mit Tanitos großer Schwester zusammen sei, die würde ihn anstiften, für uns zu pfeifen. Vielleicht war da sogar was Wahres dran, aber mit Tito waren wir eh unschlagbar.

Als Tito fortging, wurde es bitter. Zu allem Überfluss fand der Chino auch noch einen Job in Esquel und zog weg (da war er schon glücklich mit Tanitos Schwester verheiratet). Mit Schiedsrichtern, die unseren Bedürfnissen gegenüber nicht so aufgeschlossen waren, und ohne Tito, um die Dinger reinzumachen, gingen wir sang- und klanglos unter. Ich zog in die Stadt, und auch ein paar der anderen suchten das Weite – aber der Termin im Oktober war heilig. In diesen Jahren begriff ich, was meine Freunde wert waren. Nachdem Tito weg war, verloren wir sechs Jahre hintereinander, spielten einmal unentschieden und verloren dann wieder dreimal in Folge. Man muss ganz schön Stehvermögen haben, um Jahr für Jahr mit einer Packung vom Spielfeld zu schleichen und trotzdem immer wieder anzutreten. Dann kamen ein paar von uns und ein paar von denen auch noch auf die Idee, die jeweiligen Freundinnen mitzubringen, zum Anfeuern. Zu verlieren ist schon schlimm, aber wenn dabei auch noch Mädchen zugucken, wird's unerträglich. Zumindest einigten wir uns nach vier Jahren, als es zwischen den Frauen zu kleineren Handgreiflichkeiten gekommen war, darauf, weibliche Zuschauer nicht mehr zuzulassen. Bah, überhaupt Zuschauer zu verbieten. Ich argumentierte damals, der Druck von außen mache die Begegnung härter und wecke die niedrigsten Instinkte aller Beteiligten. Und die anderen stimmten im Hochgefühl ihrer glorreichen Siege zu, okay, aber den Schiedsrichter würden ab jetzt sie stellen. Am Ende beschlossen wir, die Spiele hinter verschlossenen Türen auszutragen, und die Schiedsrichterfrage klärten wir mit einem komplizierten Rotationssystem, das Jahr für Jahr drei Kandidaten zur Auswahl vorsah. Dadurch mussten wir zwar auf Hilfe von außen verzichten, aber es schützte uns auch davor, verpfiffen zu werden.

Trotzdem setzte es weiterhin eine Niederlage nach der anderen. Nach einer erneuten Demütigung baten mich die Jungs im letzten Jahr, mir »irgendwas« einfallen zu lassen. Deutlicher wollten sie nicht werden, aber ich las in ihren Gesichtern, was sie meinten. Deshalb gab ich mir, als Tito mich an meinem Geburtstag anrief, einen Ruck und bat ihn um diesen Freundschaftsdienst. Erst lachte er nur über meinen Vorschlag, aber als ich ihm die neuesten Zahlen nannte, verging ihm das Lachen: zweiundzwanzig Spiele, zehn Siege, drei Unentschieden, neun Niederlagen. Es lag auf der Hand, eine weitere Niederlage würde den Kollaps bedeuten, die Schande, die grenzenlose Schmach, dann würden diese Rumpelfüßler in der Statistik gleichziehen. Er meinte, ich solle ihn in drei Tagen noch mal anrufen. Als wir wieder telefonierten, sagte er, gut, alles klar, er würde seine Mutter bitten, einen Herzinfarkt vorzutäuschen, dann könne er schnell aus Europa anreisen. Anschließend klärte ich mit Doña Hilda die Details. Wir vereinbarten, die Sache für uns zu behalten, denn wenn die da drüben spitzkriegten, dass er mitten in der Saison nach Argentinien kam, um ein Stadtteilduell auszutragen, wäre die Hölle los.

Meinem Cousin Ricardo sagte ich es trotzdem. Ich wollte nicht, dass es am Tag des Spiels zu Tumulten kam. Das war auch gut so, denn zwei Wochen lang ging es zäh hin und her, bis sie schließlich zusagten. Erst wollten sie nichts davon wissen, aber dann zischelte Tanito beim letzten Treffen: »Lass gut sein, Carlos, das sind eben Schisser.« Für den hitzköpfigen Bebé Grafo war das Grund genug, um ja zu sagen, geht klar, alles wie im letzten Jahr, am Samstag, dem 23., um zehn Uhr, im Gewerkschaftsverein, er kümmere sich um den Platz, sie würden uns den Arsch aufreißen, wie immer, und so weiter. Ricardo versuchte ihn zu beschwichtigen, um sich Spielraum für weitere Verhandlungen zu bewahren. Aber es nützte nichts. Wir standen im Wort. Tanito und Bebé drohten sich gegenseitig die schlimmste Fußballfolter an, während ich grinste wie ein Messdiener.

Als alle im Bilde waren, fieberten wir der Begegnung mit einer Zuversicht entgegen, die ich für immer erloschen geglaubt hatte. Am Samstag um neun kamen wir gemeinsam im Laster von Gonzalito angefahren. Der Einzige, der sich leicht verspätete, war Alberto, der Torhüter, bei dessen Frau am Morgen die Wehen eingesetzt hatten. Er hatte sie erst ins Krankenhaus fahren und davon überzeugen müssen, dass sie bei ihrer Mutter bestens aufgehoben war. Die von der anderen Mannschaft trafen kurz nach uns ein und zogen sich hinter dem Tor um, das wir frei gelassen hatten. Als es nur noch zehn Minuten bis zum vereinbarten Anpfiff waren und Tito noch immer kein Lebenszeichen von sich gegeben hatte, kam Bebé zum ersten Mal zu uns, um Streit anzuzetteln. Zum Glück war ich geistesgegenwärtig genug, um den Erstaunten zu spielen. Ich sagte, die Partie sei um halb elf und nicht um zehn, er solle aufhören zu nerven. Ich schaute Tanito an, der sofort kapierte und meine Version der Tatsachen bestätigte. Bebé stritt es mehrmals ab, rief zu seiner Unterstützung Ricardo herbei. Natürlich fiel Ricardo über uns her und schrie, der Anpfiff sei um zehn, wir sollten keinen Scheiß erzählen. Die Lage wurde schließlich so brenzlig, dass Tanito und ich bei unseren Müttern und Kindern, bei Gott und Vaterland schwören mussten, der Anpfiff sei um halb elf, wir hätten im Café halb elf gesagt und am Telefon halb elf bestätigt, und bis halb elf sei es noch eine halbe Stunde, und sie sollten uns nicht auf den Sack gehen. Dieser patriotisch-religiösen Überzeugungsoffensive hatten sie nichts mehr entgegenzusetzen. Sie kehrten zum anderen Tor zurück, um sich warm zu kicken und auf den Anpfiff zu warten. Tanito und ich versicherten uns gegenseitig, dass ein, zwei so dahingesagte Schwüre unsere Familien und unser Seelenheil nicht gefährden würden.

Ich schickte Josesito zurück auf den Laster – offiziell, damit er wieder nach Tito Ausschau hielt, eigentlich aber, um etwas gegen unsere Nervosität zu unternehmen. Insgeheim glaubte ich nicht mehr daran, dass er kommen würde, war längst überzeugt, dass Tito uns hatte hängen lassen. Wir hatten abgemacht, dass er mich am Freitagvormittag anrufen würde, sobald er bei seiner Mutter eintraf. Am Dienstag lief alles wie am Schnürchen. Im Radio hieß es, Tito käme aus familiären Gründen nach Buenos Aires, nach einer Partie um irgendeinen Pokal am Mittwoch. Aber am Donnerstag hörte ich ebenfalls im Radio, dass seine Mannschaft gewonnen hatte und am Sonntag noch mal spielen musste, und sein Club ihn daher gebeten hatte, noch zu bleiben. An dem Tag sprach ich mit Doña Hilda, und sie sagte, sie könne nichts tun: Wenn sie offiziell auf der Intensivstation liege, könne sie ihn ja schlecht anrufen und daran erinnern, am Freitag in den Flieger zu steigen.

Am Freitag verbot ich zu Hause allen, das Telefon anzurühren: Tito könne jeden Moment anrufen. Aber Tito meldete sich nicht. Abends wurde dann im Radio bestätigt, dass er am Sonntag spielen würde. Ich war so niedergeschlagen, dass ich mich nicht mal richtig aufregen konnte. Stattdessen machte sich eine unendliche Traurigkeit in mir breit. Meine Hochachtung war in all den Jahren immer weiter gestiegen, weil weder das Geld noch die viele Presse ihn verdorben zu haben schienen. Er hatte eine Italienerin geheiratet, ein gutes Mädchen, und zwei tolle Kinder mit ihr. Ich hatte das mit der Erbschaft seines Vaters geregelt, natürlich ohne Geld dafür zu verlangen. Nie vergaß er meinen Geburtstag, immer rief er pünktlich an. Wenn er nach Hause kam, schaute er bei mir vorbei und brachte Geschenke mit, für meine Eltern und für meine Frau, als wäre er nach wie vor einer von den Jungs. Gerade deshalb, weil ich ihn nie um etwas gebeten hatte, tat es mir besonders weh, dass er mich ausgerechnet bei unserem Duell hängen ließ. An diesem Abend beschloss ich, ihm keine Vorwürfe zu machen, sollte er mich hinterher anrufen und sagen, die Partie drüben sei zu wichtig gewesen, er habe sein Versprechen unmöglich halten können. Aber eines war auch klar: Ciao, Tito, stirb in Frieden. Es ging nicht um mich, es ging um die Jungs, ihnen durfte er das nicht antun: dass wir noch mal verloren und die anderen in der Statistik mit uns gleichzogen.

Beim ersten Duell, als er noch ein dürrer Stecken war, für den keiner einen Pfifferling gegeben hätte, als er eigentlich einer zu viel war (damals spielten wir noch auf dem Bolzplatz vor dem Baugeschäft, sechs gegen sechs mit Torwart), hatte ich trotzdem zu ihm gesagt, komm her, Kleiner, spiel du im Sturm, wenn du flink bist, machst du vielleicht einen rein. Deswegen tat es mir so weh, dass er uns jetzt im Stich ließ. Wo Pablo, Tanito und ich ihn doch damals zum Probetraining begleitet hatten, als er sich nicht allein hingetraut hatte; zu viert waren wir hingegangen, um ihm die Angst zu nehmen. Was soll ich da?, hatte er gesagt, da kennt mich doch keiner, und ohne Vitamin B ... Und ich, los, sei nicht blöd, wir gehen alle zusammen hin, brauchst keinen Schiss zu haben. Und dann sind wir hin. Der arme Pablo musste ganz schön was wegstecken, der Trainer der Jugendmannschaft schrie schon nach fünf Minuten: »Runter vom Feld, du Pflaume, was willst du überhaupt hier?« Tanito und ich mussten Tito zurückhalten, der solidarisch Leine ziehen wollte, mit vereinten Kräften überredeten wir ihn dazubleiben, der Typ würde ihn gleich drannehmen. Tanito und ich hielten uns ein bisschen länger, aber dann flogen auch wir vom Platz, der Blödmann sagte nur, das reicht, Jungs, ich melde mich dann wegen dem Dünnen da, dem Stürmer, und er zeigte auf Tito, der nach wie vor auf dem Feld war. Es machte uns nichts aus, wichtig war nur, dass Tito es geschafft hatte, dass er bleiben durfte. Wir freuten uns dermaßen, dass sogar Pablos Wut verrauchte, erstens, weil Tito es geschafft hatte, und zweitens, weil ich meine Schlüssel dabeihatte und wir auf dem Parkplatz dem Arschloch von Trainer die Tür seines Pritschenwagens zerkratzen konnten. Und später, mit achtzehn, als er seinen ersten Profivertrag unterschreiben sollte und sie ihn bei den Prämien über den Tisch zogen, ging ich mit ihm zu einem Anwalt der

Fußballergewerkschaft, seither wurde er nie wieder abgezockt. Und als er ins Ausland verkauft wurde, hatte ich mein Studium zwar noch nicht beendet, gab aber keinen Zentimeter nach bei dem Streit mit den Spaniern, die ihn unbedingt haben wollten. Nie habe ich dafür Geld verlangt. Und um seine Mutter kümmerten wir uns auch, Tanito und ich, damals, als Don Aldo, sein Vater, starb und er gerade in Deutschland unter Vertrag war; Tanito, der nach wie vor im Viertel wohnte, sorgte dafür, dass es ihr an nichts fehlte und dass die Jungs ab und zu bei ihr vorbeischauten, um ihr beim Streichen zu helfen, eine durchgebrannte Glühbirne zu wechseln, den Abpumpdienst anzurufen, wenn bei ihr die Latrine verstopft war, was weiß ich, solche Sachen halt.

Wir erwarteten nie eine Gegenleistung, uns reichte, dass er aus dem Viertel war, unser Freund, dass wir ab und zu ein Tor von ihm sahen, ihn an Weihnachten trafen. Wir taten es, weil wir Freunde waren. Und wenn er gerührt sagte, Jungs, wie kann ich euch das nur zurückzahlen?, erwiderten wir, lass gut sein, dafür sind wir ja Freunde. Der Einzige, der ihn jemals um etwas bat, war Josesito. Eines Tages sah er ihn ernst an und sagte, hör zu, Tito, du weißt, dass du für mich wie ein Bruder bist, aber komm bloß nie, wirklich nie auf die Idee, für San Lorenzo zu spielen, egal, wie viel Kohle sie dir auf den Tisch blättern, egal, wie viel Bock du hast, weil ich nämlich sonst verrecken werde vor lauter Wut, versteh mich richtig, Tito, jeder andere Club ist okay, aber nicht San Lorenzo, da darfst du um Gottes willen nie hingehen, Tito, nicht mal tot. Und Tito sagte: Keine Angst, Josesito, ich werde nicht zu San Lorenzo gehen, für kein Geld der Welt, das tue ich dir und Huracán nicht an, ich schwör's. Deswegen tat es mir in der Seele weh, Josesito so zu sehen, auf dem Dach des Lieferwagens, auf Zehenspitzen, die Enttäuschung ins Gesicht geschrieben; und auch die anderen, wie sie Alberto von außen mit halbhohen Flanken bedienten, lustlos rumkickten, mich ab und zu aus den Augenwinkeln ansahen, als suchten sie bei mir die Antwort.

Als es halb elf wurde, kamen Ricardo und Bebé wieder angerannt. Ich ging ihnen mit Pablo und Tanito entgegen, damit die anderen nichts mitkriegten. »Wird Zeit, dass wir anpfeifen, Carlos«, sagte Ricardo. Ich meinte, einen Glanz der Genugtuung in seinen Augen zu sehen. »Spielt ihr oder schenkt ihr die Partie ab?«, fragte Bebé frech. Tanito sah ihn wütend an, aber die Ohnmacht und Enttäuschung hielten ihn davon ab, ihn zu beschimpfen.

»Schick deine Leute aufs Feld und hol den Schiedsrichter für die Seitenwahl«, sagte ich. Vom Mittelkreis aus machte ich Josesito Zeichen, er solle vom Laster runterklettern und herkommen. Jetzt müssen wir auch noch mit einem weniger spielen, dachte ich. Wir waren nur zu zehnt, und ich spielte lieber ohne Auswechselspieler, als einen Fremden dazuzunehmen. In dieser Hinsicht waren auch die anderen kompromisslos. Nie spielte jemand, der nicht schon in den ersten Duellen mit dabei gewesen war. Als Adrián mir unter der Woche Bescheid gab, dass er wegen einer Zerrung nicht spielen könne, sagte ich, er solle sich keinen Kopf machen. Insgeheim war ich froh, weil ich so nicht entscheiden musste, wer von uns draußen bleiben musste. Mit Tito als elftem Mann ging es perfekt auf.

Zu allem Überfluss verloren wird auch noch die Seitenwahl und mussten zum anderen Tor. Ich gab den Jungs mit Winkzeichen zu verstehen, dass sie ihre Taschen mitnehmen sollten, obwohl ich wusste, dass diese Vorsichtsmaßnahme unnötig war, schließlich kannten wir die anderen schon seit zwanzig Jahren. Trotzdem ließ ich es mir nicht nehmen, ihnen zu verstehen zu geben, dass sie in unseren Augen eine Bande potenzieller Diebe waren. Als Alejo und Damián, die Zwillinge, die bei uns als Innenverteidiger spielten, vollbepackt an mir vorbeikamen, bläute ich ihnen noch mal ein, dass sie abwechselnd den linken Außenstürmer umholzen sollten, aber so weit weg vom Strafraum wie möglich. Alejo nickte und sagte: Geht klar, Carlitos. Da musste ich an das Spiel vor zwei Jahren denken. In der zweiundvierzigsten Minute der zweiten Halbzeit war eine hohe Flanke in den Strafraum gesegelt, und er und sein Idiot von Bruder hatten sich gegenseitig angeglotzt wie Kühe von wegen »spring du hoch«. Gesprungen ist dann ein anderer, nämlich der kleine Galán, der rechte Außenstürmer der anderen: ein Zwerg von einem Meter fünfundfünfzig zwischen zwei Riesen von einem Meter neunzig. Eins zu null. Grausam.

Als alle ihre Position eingenommen hatten, ging ich mit Josesito zum Anstoßpunkt. So traurig, wie er war, würde er mir in der ganzen Partie keinen vernünfti-

gen Ball zuspielen. Als Mittelfeldregisseur hatten wir
Pablo auserkoren. Wenn der Trainer ihn damals mit
sechzehn wegen Unfähigkeit vom Platz geholt hatte,
war er mit vierunddreißig und einer Ehewampe alles
andere als ein Hoffnungsträger. Bebé bat den Schiedsrichter respektvoll um Erlaubnis, uns vor dem Ankick
begrüßen zu dürfen (er hatte immer schon die Theorie
vertreten, dass Linienrichter einem Fouls durchgehen
ließen, wenn man sich bei ihnen lieb Kind machte).
Als wir in Hörweite waren, setzte er sein schönstes
Lächeln auf und würgte uns ein »ihr armen Schweine,
wie konnte Tito euch nur so hängen lassen« rein. Dann
zog er vergnügt wieder ab.

Und genau in diesem Augenblick, genau in dem
Moment, als ich mit Josesito sprach und der Schiedsrichter den Arm hob und zu jedem Torhüter schaute,
um sich zu vergewissern, dass alles in Ordnung war,
und als Alberto, der bei uns im Tor stand, ebenfalls
den Arm hob, bemerkte ich, dass irgendwas vor sich
ging. Der Referee pfiff zweimal kurz, aber nicht, um
das Spiel zu eröffnen, sondern damit Ricardo (der
bei den anderen das Tor hütete) zu ihm herschaute.
Obwohl er weit entfernt war, sah ich, dass er blass
geworden war und ihm die Kinnlade runterhing. Dann
spürte ich, wie es in meinen Eingeweiden rumorte,
und fürchtete gleichzeitig, dass das, was vor sich ging,
nicht das war, wofür ich es hielt; dass das, was ich
in den Gesichtern der anderen sah, nicht Erstaunen
war, gemischt mit Wut und Ungläubigkeit; dass Bebé
sich nicht hilfesuchend zu Ricardo umdrehte; dass

Ricardo nicht auf einen Punkt starrte, der noch fern war, noch auf der Höhe des Straßentors, dass er noch eher ahnte als wusste, wer da mit einer kleinen Tasche über der Schulter angerannt kam und halt rief, halt, hier bin ich; und dass Tanito nicht vor Freude schrie und Josesito zurief, er ist da, Wahnsinn, er ist wirklich da, wer hat gesagt, er würde nicht kommen?; dass auch die Zwillinge losschrien, endlich, du hast uns vielleicht Nerven gekostet, du Blödmann. Wie ein Roboter ging ich los in Richtung Seitenlinie, zwischen Gänseblümchen hindurch, noch unentschlossen, ob ich ihm wegen des ganzen Stresses eine knallen oder ihn freudig umarmen sollte. Schließlich löste sich Tito aus dem Pulk der verspäteten Umarmungen und kam zu dem Quadratmeter Rasen, auf dem ich kraftlos und wie angewurzelt stand, und sah mich lächelnd an, beschämt, als bäte er mich um Entschuldigung, wie damals, als ich komm her, Kleiner, gesagt hatte, spiel du als Mittelstürmer, vielleicht machst du ja einen rein. Meine Wut war längst verraucht, ich war nur matt wie einer, der die Last der angestauten Spannung auf seinen Schultern spürt, und er sagte, entschuldige, Carlos, ich musste mich von meiner Tante Juanita im Mannschaftshotel anrufen lassen, aber ich habe noch den Nachtflug erwischt und bin gerade angekommen, entschuldige, dass ich dich so viele graue Haare gekostet habe, kommt nie wieder vor, Carlitos, ich schwör's dir, und ich sagte, ist schon okay, Alter, ist schon okay, mit einem Kloß im Hals, und dann umarmte ich ihn, damit er meine Augen nicht sah, weil heulen, egal, was los ist, weil heulen vor Freunden gar nicht geht; und die Welt machte klick, und alles rückte wieder an seinen Platz, aus Chaos wurde wieder Kosmos, eine Welt, in der Freunde ihre Versprechen halten, Kreise, die sich in der Ewigkeit schließen, wenn man vierzehn ist und sagt, ist gut, wir kommen mit, du brauchst keinen Schiss zu haben.

Weil Tito bereits umgezogen war, warf er die Tasche einfach hinters Tor und lief zum Mittelkreis, um mit mir den Anstoß auszuführen. Als er noch zehn Meter entfernt war, spielte ich ihm den Ball zu, damit er ein Gefühl für ihn bekam, damit er sich an ihn gewöhnte, damit ihm nicht kalt wurde (das hätte gerade noch gefehlt, dachte ich, dass er sich beim Anstoß verletzt). Er ging leicht in die Knie, beugte das linke etwas stärker als das rechte. Als der Ball bei ihm ankam, nahm er ihn auf den Spann, hob ihn zehn Zentimeter hoch und ließ ihn dann sanft und rhythmisch auf dem Fuß tänzeln. Als er bei mir im Mittelkreis ankam, schoss er ihn mit links in die Luft und fing ihn mit der rechten Schulter auf. Nach einer Sekunde schüttelte er ihn mit einem kurzen Zucken ab wie eine Fliege, trat einen Schritt zurück und nahm ihn mit dem linken Fuß an. Zehn Zentimeter neben seinem rechten Schuh kam der Ball schließlich zum Liegen.

Erst da hob ich den Blick und sah, dass Bebé die Klappe runterhing, dass er schaute, als wollte er es nicht glauben. Der kleine Galán stand auf der Außenstürmerposition und machte ein Gesicht wie auf einer Beerdigung im Morgengrauen. Allen hatte es die Sprache verschlagen, alle waren wie betäubt. In diesem Moment begriff ich, dass wir gewonnen hatten. Ohne überhaupt zu spielen. Endlich, nach zehn Jahren, würden wir wieder gegen sie gewinnen. Die anderen waren geschlagen, wollten nur noch, dass diese Qual so schnell wie möglich ein Ende hatte. Als ich ihre angespannten Gesichter sah, die entsetzten Blicke, dieses Fehlen jeglicher Hoffnung, ihrem Schicksal zu entgehen, wurde mir klar, dass das, was kommen würde, nur noch eine Formsache war.

Während der Schiedsrichter noch einmal zu jedem Torhüter sah, um dieses denkwürdige Duell endlich anzupfeifen, stellte sich Josesito an der Mittellinie fast auf Zehenspitzen und grinste Bebé an, der eingeschüchtert und leicht panisch Tito anstarrte. »Na, du A...? Von wegen er kommt nicht! Von wegen!« Er ruckelte mit dem Kopf in Richtung Tito, als wollte er ihn vorzeigen, als wollte er ihm Glanz verleihen, als wollte er Bebé sagen: Der Neid soll dich zerfressen, du Arsch.

Der Schiedsrichter pfiff an, und Tito passte mir den Ball auf den Fuß. Der kleine Galán kam angestürmt, aber ich spielte den Ball genau im richtigen Moment zurück. Tito nahm ihn an, schirmte ihn mit seinem Körper ab. Wie ein Wirbelwind stürmte der Zwerg auf ihn zu, und von der anderen Seite versuchte Bebé ihn zu bedrängen. Zwei große Schritte, und Tito war zwischen den beiden durchgeschlüpft. Er hob den Kopf, hielt einen Moment inne und passte den Ball dann sanft, flach und diagonal in den Rücken von sechs Spielern zu Gonzalito, der sich wunderbar freigelaufen hatte.

SIE MÜSSEN MICH SCHON ENTSCHULDIGEN

Für Diego

Sie müssen mich schon entschuldigen. Ich weiß, dass jemand, der ein guter Mensch sein will, sich an bestimmte Normen halten, bestimmte Gebote befolgen, sein Wesen mit allgemeingültigen Regeln in Einklang bringen muss. Oder genauer gesagt: Wenn jemand ein vernünftiger Mensch sein will, muss er an sein eigenes Verhalten den gleichen Maßstab anlegen wie an das der anderen. Er darf keine Ausnahmen machen, denn sonst verrät er seine ethische Überzeugung, sein kritisches Bewusstsein, seinen Sinn für Rechtmäßigkeit.

Man kann im Leben nicht ständig seinen Gegnern Vorwürfe machen und seine Freunde in Schutz nehmen, nur weil die einen Gegner und die anderen Freunde sind. Andererseits bin ich auch nicht so naiv zu glauben, dass man sich so einfach von seinen Gefühlen und Leidenschaften freimachen, dass man sie so mir nichts, dir nichts auf dem Altar der reinen Unparteilichkeit opfern kann. Sagen wir, jemand versucht, nicht zu weit vom rechten Weg abzukommen, jemand bemüht sich, sich nicht durch Liebe oder Hass von seiner Logik abbringen zu lassen.

Aber Sie werden mich entschuldigen müssen, meine Damen und Herren. Es gibt da einen Kerl, bei dem ich es nicht kann. Wohlgemerkt, ich versuche es. Ich sage mir: Es darf keine Ausnahmen geben, darf es einfach nicht. Und die Entschuldigung, um die ich Sie bitten muss, ist umso größer, als dieser Kerl, von dem ich spreche, kein Wohltäter der Menschheit ist, kein Heiliger und auch kein tapferer Soldat, der sich um mein Vaterland verdient gemacht hat. Nein, nichts dergleichen. Der Kerl geht einer Beschäftigung nach, die weit weniger wichtig, weit weniger bedeutend, ja viel profaner ist. Ich nehme schon mal vorweg, dass dieser Kerl ein Sportler ist. Stellen Sie sich vor, meine Damen und Herren: Ich habe unzählige Wörter darauf verwendet, von der ethischen Haltung und ihren Grenzen zu schreiben, und alles nur wegen eines einfachen Kerls, der sich den Lebensunterhalt damit verdient, dass er gegen einen Ball tritt. Nun könnten Sie sagen, dass dies meine Einstellung noch verwerflicher macht. Wahrscheinlich haben Sie Recht. Vielleicht habe ich deshalb diese Zeilen verfasst: um mich zu entschuldigen.

Obwohl ich mir dessen vollkommen bewusst bin, kann ich meine Haltung nicht ändern. Ich fühle mich nach wie vor außerstande, an ihn denselben Maßstab anzulegen wie an den Rest der Menschheit. Dabei ist er nicht nur kein tugendhafter Mensch, sondern auch noch mit vielen Fehlern behaftet. Mit so vielen Fehlern wie derjenige, der diese Zeilen verfasst, oder mit noch mehr. Letztlich ist es unerheblich, meine Damen und Herren, denn ich kann ihn nicht verurteilen. Mein kritischer Verstand setzt bei ihm aus und spricht ihn frei.

Nicht dass Sie denken, es handle sich um bloße Willkür, eine Laune. Nein, es ist etwas Tieferes, wenn Sie mir diese Formulierung erlauben. Ich will mich deutlicher ausdrücken: Ich verzeihe ihm, weil ich das Gefühl habe, dass ich ihm etwas schulde. Ich schulde ihm etwas und weiß, dass ich keine Möglichkeit habe, es ihm zurückzuzahlen. Oder vielleicht ist die Gewohnheit, jeden Vorwurf zu vermeiden, meine seltsame Art, meine Schuld bei ihm zu begleichen ...

Nicht dass Sie denken, er weiß etwas davon. Meine Zahlung ist absolut anonym. So wie auch die Schuld anonym ist, die ich ihm gegenüber empfinde. Sagen wir, er weiß gar nicht, dass ich ihm etwas schulde, hat keine Ahnung von der enormen Anstrengung, die ich immer wieder unternehme, um es ihm zurückzuzahlen.

Zu meinem Glück oder Unglück bietet sich mir recht häufig die Gelegenheit, meiner Gewohnheit nachzukommen. Über ihn zu sprechen ist unter uns Argentiniern fast ein Nationalsport. Mal wird er in den Himmel gelobt, mal zum ewigen Schmoren in der Hölle verdammt. Wir Argentinier lieben es, seinen Namen und sein Andenken zu beschwören. Wann immer dies geschieht, versuche ich, ernst zu bleiben, Abstand zu wahren. Aber es gelingt mir nicht. Die Größe meiner Schuld ist übermächtig. Wenn ich auf ihn angesprochen werde, drücke ich mich, wechsle das Thema, überlasse anderen das Wort. Es ist aber auch nicht so, dass ich zu den ewigen Schmeichlern gehöre. Überhaupt nicht. Ich vermeide sowohl Lobhudelei als auch Giftspritzerei. Außerdem habe ich im Laufe der Zeit zu oft gesehen, wie jemand, ohne mit der Wimper zu zucken, aus dem Lager der Inquisitoren in das der Claqueure gewechselt ist, und umgekehrt. Beide Lager sind mir zuwider.

Deshalb halte ich lieber den Mund oder wechsle das Thema. Und wenn einer der Jungs mir das mal nicht durchgehen lässt und mich in die Enge treibt mit einer direkten, an mich gerichteten Frage, hole ich Luft, tue so, als dächte ich nach, und sage dann irgendeinen Quatsch von wegen »Ich weiß nicht, da müsste man mal überlegen«, oder ich wage auch mal ein »Wer weiß das schon, da gibt es so vieles zu beachten«. Mein Schamgefühl ist einfach zu groß, um mich so ausführlich zu erklären wie hier. Ich kann nicht meine Freunde zu der Qual verdammen, sich meine Argumente und Rechtfertigungen anzuhören.

Zuerst müsste ich ihnen sagen, dass an alldem die Zeit schuld ist. Ja, Sie haben richtig gehört: die Zeit. Die Zeit, die unbedingt vergehen will, wo es doch manchmal besser wäre, sie bliebe stehen. Die Zeit, die uns die Sauerei antut, die perfekten, makellosen, unvergesslichen Augenblicke zu zerstören. Denn würde die Zeit in diesen Momenten stehen bleiben, würde die Zeit die Wesen und Dinge auf den Punkt genau unsterblich machen, würde sie uns Enttäuschungen ersparen, Zerfallsprozesse, all die kleinen Treulosigkeiten, die uns Sterblichen so eigen sind.

Es liegt also an dieser fehlerhaften Natur der Zeit, dass ich mich so verhalte, wie ich mich verhalte. Als wollte ich mit meinen bescheidenen Mitteln diese ungerechten Grausamkeiten, die die Zeit uns antut, wiedergutmachen. Jedes Mal, wenn sein Name fällt, jedes Mal, wenn ich zur Feier seiner Anbetung oder Schmähung geladen werde, stehle ich mich aus dieser profanen Gegenwart davon und kehre mit dem Erinnerungsvermögen, das der Mensch sich für die wesentlichen Dinge vorbehält, zu jenem Tag zurück, zu jenem unvergesslichen Tag, an dem ich mich verpflichtet sah, diesen geheimen Pakt zu schließen. Einen Pakt, der dazu führen kann (ich weiß), dass ich als Chauvinist beschimpft werde. Obwohl ich zu den Menschen gehöre, denen die Vermischung von Nation und Sport missfällt, nehme ich in diesem Fall jede Gefahr und jede potenzielle Strafe in Kauf.

Sagen wir, mein Gedächtnis gibt mir freie Hand, um die Zeit zu dem kristallinen Ort zurückzudrehen, von dem sie sich nie hätte fortbewegen dürfen, zu der Stelle, an der sie für immer hätte stehen bleiben sollen, zumindest für den Fußball, für ihn und für mich. Manchmal ist das Leben so, manchmal fügt sich alles zusammen, um solche strahlenden Momente hervorzubringen. Augenblicke, nach denen nichts wieder so ist, wie es war. Weil es nicht geht. Weil alles sich zu sehr verändert hat. Weil über die Haut und die Augen etwas in uns gedrungen ist, von dem wir uns nie wieder befreien können.

Jener Morgen wird vermutlich wie jeder andere gewesen sein. Der Mittag ebenso. Und auch der Nachmittag fängt an wie viele andere. Ein Ball und zweiundzwanzig Männer. Weitere Millionen in allen Winkeln der Welt, die fiebernd vor dem Fernseher sitzen.

Und doch ist dieser Nachmittag anders. Es ist kein Spiel. Besser gesagt: Es ist nicht nur ein Spiel. Da ist noch etwas anderes. Da sind Wut, Schmerz, aufgestaute Frustration in diesen Männern, die vor dem Fernseher sitzen. Da sind Gefühle, die nicht der Fußball geboren hat. Die anderswo geboren wurden. An einem viel schrecklicheren, viel feindseligeren, viel unwiderruflicheren Ort. Aber uns, den Leuten von hier, bleibt nichts anderes übrig, als die Antwort in einem Fußballstadion zu geben, weil wir keinen anderen Ort haben, weil wir wenige sind, weil wir allein sind, weil wir arm sind. Aber jetzt sind da das Stadion, der Fußball, sie oder wir. Wenn wir gewinnen, wird der Schmerz nicht verschwinden, auch die Demütigung nicht. Aber wenn sie gewinnen. Ach, wenn sie gewinnen. Wenn sie gewinnen, wird die Demütigung noch größer werden, noch schmerzhafter, noch unerträglicher. Wir werden uns gegenseitig in die Augen schauen und stumm sagen: Siehst du, nicht mal hier, nicht mal das war uns vergönnt.

Da sind sie also, die Männer. Elf von uns und elf von denen. Es ist ein Fußballspiel, aber es ist viel mehr als ein Fußballspiel. Denn vier Jahre sind wenig Zeit, um den Schmerz zu lindern, um die Wut zu besänftigen. Deshalb ist es nicht nur ein Fußballspiel. Und mit dieser Vorgeschichte eines stürmischen Nachmittags, mit diesem Prolog einer Tragödie läuft dieser Kerl los und schießt sich für immer und ewig ans Firmament der Unseren. Weil er sich vor den Gegnern aufbaut und sie demütigt. Weil er sie bestiehlt. Weil er sie vor ihren

Augen beklaut. Mag sein, dass er ihnen mit diesem Diebstahl den anderen Diebstahl heimzahlt, den unendlich größeren, beleidigenderen Diebstahl. Mag sein, dass sich dadurch nichts ändert, aber da sind sie, die anderen, in ihren Häusern, auf ihren Straßen, in ihren Pubs, und sie würden vor lauter Wut am liebsten den Bildschirm fressen, vor lauter Ohnmacht darüber, dass der Kerl wegläuft und aus den Augenwinkeln nach dem Schiedsrichter schielt, der darauf reinfällt und zum Anstoßkreis zeigt.

Allein dies hätte schon etwas Historisches, wäre schon genug. Du hast den beklaut, der dich zuerst beklaut hat. Auch wenn dich das, was er dir gestohlen hat, stärker schmerzt, freust du dich diebisch, weil du weißt, dass es ihm trotzdem wehtut. Aber da kommt noch was. Obwohl ich von hier ab sage, gut, es reicht, ich gebe mich zufrieden, kommt da noch was. Denn der Kerl ist nicht nur clever, er ist auch noch ein Künstler. Er ist viel mehr als alle anderen.

Er läuft in der Mitte los, in seiner Hälfte, damit auch ja kein Zweifel aufkommt, dass das, was er gleich tun wird, noch nie jemand getan hat. Auch wenn er ein blaues Trikot trägt, trägt er doch auch die Fahne. Er hält sie in der Hand, auch wenn keiner sie sieht. Er beginnt, die anderen auseinanderzutreiben. Er macht sie nass, einen nach dem anderen, bewegt sich zum Takt einer Musik, die diese armen Idioten nicht begreifen. Sie hören sie nicht, diese Musik, aber sie spüren einen vagen Groll, etwas, das ihnen sagt, dass der Untergang naht. Und der Kerl rennt weiter.

Damit sie anfangen, es nicht glauben zu können. Damit sie es nie mehr vergessen. Damit die Kerle am anderen Ende der Welt ihr Bier abstellen oder was sie sonst so in der Hand halten. Damit ihnen die Kinnlade runterfällt und sie dumm aus der Wäsche schauen, damit sie denken, nein, es wird nicht passieren, jemand wird ihn stoppen, dieser Zwerg aus Argentinien in seinem blauen Trikot wird nicht in den Strafraum eindringen mit dem zahmen, ihm blind gehorchenden Ball am Fuß, jemand wird etwas unternehmen, bevor er dem Torwart bedrohlich wird und ihn umspielt, etwas wird geschehen, damit die Ordnung der Geschichte gewahrt bleibt, damit die Dinge wieder so sind, wie Gott oder die Königin es befehlen, denn im Fußball muss es so sein wie im Leben, wo die Gewinner gewinnen und die Verlierer verlieren. Sie schauen sich gegenseitig an und bitten den Nebenmann, sie aus diesem Albtraum zu reißen. Aber es nützt nichts, denn nicht einmal, als der Kerl ihnen den Bruchteil einer Sekunde schenkt, als der Kerl den schwindelerregenden Lauf bremst und auf dem linken Fuß stehen bleibt, nicht einmal dann können sie verhindern, dass sie als die Gedemütigten in die Geschichte eingehen werden, als die elf verdutzten Engländer, Millionen ihrer Landsleute sehen es im Fernsehen und wollen es nicht glauben, obwohl sie wissen, dass es für immer wahr sein wird, denn der Ball wird im Netz landen, für alle Ewigkeit, der Kerl wird alle umarmen und den Blick zum Himmel heben. Ich weiß nicht, ob er es weiß, aber indem er zum Himmel schaut, tut er genau das Richtige.

Der Diebstahl war gut, aber zu wenig, weil der Diebstahl der anderen zu groß war. Deshalb war es nötig, sie zu demütigen; mit einem Tor, das immer und immer wieder gezeigt würde, in jedem Winkel der Welt. Tausendundeinmal würden sie ungläubig sich selbst zusehen müssen bei jeder Wiederholung: wie sie verdattert dreinschauen, immer zu spät dran sind, von Bodenhöhe alles mit ansehen, wie sie sich endgültig der Niederlage beugen, einer kleinen, absoluten, ewigen und unvergesslichen Niederlage im Fußball.

Also, meine Damen und Herren, es tut mir leid. Aber nerven Sie mich nicht damit, dass ich an ihn denselben Maßstab anlegen soll wie an Normalsterbliche. Denn ich schulde ihm diese zwei Tore gegen England. Danken kann ich es ihm nur dadurch, dass ich ihn in Ruhe lasse. Da die Zeit nun mal die Dummheit begangen hat, weiter zu vergehen, da sie sich dafür entschieden hat, eine Unmenge vulgärer Gegenwarten auf diese perfekte Gegenwart zu häufen, muss wenigstens ich genügend Ehrgefühl beweisen, es mein Leben lang im Gedächtnis zu bewahren. Ich habe die Pflicht, mich zu erinnern.

FALLRÜCKZIEHER

Gestern haben sie Anita mitgenommen, damit sie einen Haufen Papiere unterschreibt. Als sie wieder da war, sagte sie, sie habe nicht alles verstanden, es seien viele verschiedene Formulare gewesen, in kleiner, enger Schrift. Vermutlich hat sie mich dabei mehrfach angeschaut, nach einem Gesichtsausdruck gesucht, der ihre Ängste lindern sollte. Aber ich war so trübsinnig, so erschrocken über den Geruch nach drohender Katastrophe, dass ich mich mit gewissem Erfolg ihrem forschenden Blick entzog.

Die Ärzte sagen, dass du da kaum heil rauskommen wirst. Sie sagen es sehr ernst, sehr ruhig, sehr überzeugt. Mit der Ruhe und Distanz derer, die es gewohnt sind, schlechte Nachrichten zu überbringen. Der klarste, der ehrlichste war wie immer Rivas, nach der Visite am frühen Nachmittag. Er schloss langsam die Tür, um keinen Lärm zu machen, bat Anita, ihn zum Zimmer am Ende des Gangs zu begleiten, und nahm sie mit diesem ernsten Gesichtsausdruck, der einer vorweggenommenen Beileidsbekundung gleichkommt, beim Arm. Ich sprang auf und ging mit, die arme Anita, sie sollte nicht allein verkraften müssen, was der Arzt ihr zu sagen hatte.

Rivas machte seine Sache gut, das muss man schon sagen. Er bat uns, Platz zu nehmen, schenkte Tee ein, erklärte uns alles in Ruhe und kritzelte sogar eine kleine Skizze auf seinen Rezeptblock. Anita hörte stoisch zu, als wäre sie aus Eisen geschmiedet. Ehrlich gesagt, bin ich nur ihretwegen nicht zusammengebrochen. Wie kann ich weinen, wenn diese Frau es so standhaft erträgt?, dachte ich. Als Rivas zu Ende gesprochen hatte und vermutlich selbst ziemlich mutlos war ob der trostlosen Lage, bat Anita ihn sehr ernst und fast gelassen zu erläutern (wobei sie ihre Hand in meinen Arm krallte), wie deine Chancen stünden. Der Arzt starrte auf seinen Schreibtisch, überkritzelte die Zeichnung auf dem Rezeptblock, hob den Kopf und sah ihr über die Ränder seiner kleinen Brille hinweg direkt in die Augen. »Praktisch null.« So hat er es gesagt. Ganz direkt. Ohne Trara. Anita dankte ihm, reichte ihm die Hand und ging sehr schnellen Schrittes aus dem Zimmer. Sie wollte allein sein, sich auf dem Damenklo einschließen, alles rausheulen. Ich fühlte mich, als hätte mich ein Güterzug überrollt. Mein ganzer Körper tat weh, ich hatte einen Riesenkloß im Hals. Aber weil Anita sich so tapfer gezeigt hatte, fühlte ich mich verpflichtet, Haltung zu bewahren. Ich dankte dem Arzt für die Erklärungen und auch dafür, dass er uns nicht unnötig belogen hatte. Da wurde er ein wenig lockerer. Er verzog sein Gesicht zu einer Art Lächeln und sagte, es tue ihm sehr leid, er werde alles in seiner Macht Stehende tun, die Operation selber durchführen, aber er sehe, ehrlich gesagt, ziemlich schwarz.

Am Nachmittag fand sich die ganze Familie in deinem Zimmer ein und veranstaltete einen Höllenlärm. Alle schwirrten umher, wollten nicht gehen, als könnten sie durch ihr Bleiben dein Schicksal wenden. Du hast in deiner distanzierten Benommenheit verharrt, in dieser Schläfrigkeit, die im Laufe der Tage die Oberhand bei dir gewonnen hatte. Nicht einmal essen wolltest du. Du hast fast den ganzen Tag geschlafen. Mit Anita hast du kaum zwei Worte gewechselt. Und mich hast du angestarrt, als wüsstest du es, als wartetest du darauf, dass ich einknicken und endlich die Wahrheit ausspucken würde, alles, was Rivas mir gesagt und dir nur angedeutet hat, um dich nicht zu erschrecken. Wenn du deinen Blick auf mich gerichtet hast, habe ich woanders hingeguckt oder bin unter dem Vorwand, ich würde mal eben auf dem Klo eine Zigarette rauchen, nach draußen geflüchtet. Und dann auch noch diese Familienversammlung, die wir nicht beabsichtigt hatten, dir aber auch nicht ersparen konnten. Gestern waren alle da: Papa, Mirta, José, der Cholo, sogar Anitas Mutter, die auf die glorreiche Idee gekommen war, die Kinder mitzubringen. Zum Glück konnte ich Diego und seine Frau noch abfangen und nach Hause schicken, als sie aus dem Fahrstuhl kamen. Die Panik stand ihnen ins Gesicht geschrieben, als würden sie sowieso am liebsten gleich wieder abhauen. Also dankte ich ihnen für ihr Kommen und ließ den bitteren Kelch an ihnen vorübergehen.

Dann wurde es Abend. Im Krankenhaus gibt es keine Tageszeit, die so makaber ist wie diese. Das fahle

Licht zersplittert auf der matten Fensterscheibe, der Geruch nach Hospizkost dringt durch die Türritzen, Frauenabsätze entfernen sich auf dem Flur. Die Stadt findet zur Ruhe, bellt leiser, weniger schrill, nimmt den Kranken auch noch die triviale Gesellschaft des Tageslärms.

Da war das Zimmer schon eine Totenwache. Es fehlten nur noch das Kerzenlicht und der traurige Geruch nach welken Blumen. Stattdessen lange Gesichter allerorten, schulderfülltes Flüstern, mitleidige Blicke zu deinem Bett. Genau in diesem Moment hast du die Augen aufgeschlagen. Was für ein blöder Zufall, dachte ich. Anita versuchte, Papa zu überzeugen, nach Quilmes zurückzufahren, aber er wollte partout nichts davon wissen. Mirta blätterte mit verblödetem Gesicht eine Zeitschrift durch. José schaute dich mit einem Möge-er-in-Frieden-ruhen-Gesicht an. Wenn du es bis dahin noch nicht bemerkt haben solltest, war von da an jeglicher Zweifel ausgeräumt. Du hast in alle Richtungen geschaut, deine Halsmuskeln angespannt, den Kopf gehoben. Man sah dir an, wie viel Kraft es dich kostete, aber du hast eine ganze Weile durchgehalten und alle angesehen. Schließlich hast du zu mir geschaut, und ich wusste nicht, was ich tun sollte. Ich hatte Angst, du würdest sagen, komm her und erzähl mir alles, aber stattdessen hast du mich gebeten, das Kopfteil des Bettes höher zu stellen. Während ich den Griff am Fußende des eisernen Betts betätigte, hast du Mirta gebeten, das Licht anzumachen, man sehe ja gar nichts. Kaum war das Licht an, sind alle verstummt, als wären sie bei einem peinlichen, ja unverzeihlichen Akt ertappt worden, als fühlten sie sich gestört bei ihrer Generalprobe für die anstehende Totenwache.

Zu allem Überfluss, wie um es noch offensichtlicher zu machen, damit ja keiner zu früh auf falsche Gedanken kam, hast du begonnen, Befehle zu erteilen, fast zu schreien, hast mit dem Arm so heftig gefuchtelt, dass das Infusionsfläschchen wackelte, du, Papa, fährst nach Hause, du, José, nimmst Mirta mit, Zeitschriften kann sie auch daheim im Wohnzimmer lesen, jemand soll Anita etwas zu essen bringen, und zwar dalli, sonst fällt sie uns noch um, überhaupt lasst mich in Ruhe und räumt das Zimmer. Deine Stimme donnerte mit einer solchen Autorität, dass alle brav im Gänsemarsch abzogen. Als ich Anstalten machte, ihnen zu folgen, hast du mich mit einem »du bleibst hier und machst die Tür zu« abrupt gestoppt. Wie ein Bub, der sich schnell eine glaubwürdige Ausrede auszudenken versucht, habe ich mir dadurch Zeit verschafft, dass ich die Türklinke vorsichtig hochdrückte, die Vorhänge zuzog, um dieses siechende Siebenuhrabendlicht auszustellen, die flache Bettpfanne zurückschob. Aber am Ende blieb mir nichts anderes übrig, als mich neben dich zu setzen und dir in die fragenden Augen zu schauen.

Ich habe dir alles erzählt. Am Anfang versuchte ich dich zu schonen. Aber dann sprudelte es aus mir heraus, als müsste ich mit jemandem reden, ohne die Dinge zu beschönigen, ohne um den heißen Brei zu reden, ohne mir aus dem hohlen Bauch glaubwürdige Wunderheilungen auszudenken. Ich habe dir die Diagnosen erläutert, von alldem Ärzteirrsinn der vergangenen zwei Monate erzählt, vom kaum verhohlenen Beileid der Spezialisten.

Du hast dir Zeit genommen. Du hast geweint, während ich dir monoton jedes Detail unseres Albtraums schilderte. Du hast diese seltenen dicken Tränen geweint, wie sie Menschen manchmal weinen. Und dann, als ich endlich schwieg, hast du die Augen zugemacht und eine Weile tief ein- und ausgeatmet. Ich bin langsam, fast geräuschlos aufgestanden, wollte mir selber weismachen, du wärst eingeschlafen.

Da geschah es. Du hast dich so abrupt im Bett aufgesetzt, dass ich vor Schreck beinahe wieder auf den Stuhl geplumpst wäre. Du hast mich am Kragen gepackt, fast am Hals, mein Hemd und meine Krawatte zerknittert und mir tief in die Augen gesehen, als wolltest du sicherstellen, dass alles, was du mir zu sagen hattest, auch bei mir ankam. Dein Gesicht war wie verwandelt. Es war eine jähzornige, stolze Maske aus Wut und Groll. Und so lebendig, dass man es mit der Angst zu tun bekam. Auf deinem Gesicht waren längst keine Tränenspuren mehr. Dort war jetzt nur noch Platz für Zorn. In diesem Augenblick erinnerte ich mich. Ich schwöre dir, dass ich seit mindestens zwanzig Jahren nicht mehr daran gedacht habe. Es ist unglaublich, wie man manchmal Dinge, die man vergisst, nicht vergisst. Denn als du mich so angesehen, am Kragen gepackt, mir das Hemd zerknittert und mich geschüttelt hast, ist der Damm der Zeit in mir gebrochen, und die Erinnerung an jenen legendären Nachmittag hat mir plötzlich die Luft abgeschnürt. Du hast nichts gesagt, als genügten die Funken, die aus deinen Augen schlugen, das wütende Rot deines gereizten Gesichts. Als du mich damals gepackt hast, war es auch schon fast dunkel. Und wie jetzt machte ich mir damals vor Angst fast in die Hosen. Du hast mir in die Augen gesehen und geschrien: »Noch haben wir nicht verloren, kapiert! Halt das Ding, den Rest überlass mir.«

Wir spielten auswärts, gegen Estudiantil. Die Partie war einer dieser Knoten der Geschichte, die schon gebunden sind, wenn man geboren wird. Ein neues Erdenkind, das in unserem Viertel auf die Welt kommt, steht vor der Entscheidung. Für Estudiantil oder für Belgrano. Hü oder hott. Keine Chance, nach dieser Weichenstellung noch mal das Gleis zu wechseln. Von da an ist das Schicksal besiegelt. Die Trennlinie kann nicht mehr überschritten werden.

Beide Clubs spielten in der gleichen Liga. In jeder Saison kam es beim Hin- und Rückspiel zu Ausschreitungen. Und dieses Jahr war ein ganz besonderes Jahr. Nach einer für unsere Verhältnisse ungewohnten Siegesserie standen wir kurz vorm Gewinn der Meisterschaft. Das Schicksal wollte es, dass wir am letzten Spieltag auf Estudiantil trafen. Bei jeder anderen Mannschaft hätten wir leichtes Spiel gehabt. Ein einfaches Unentschieden genügte uns. Kein gegnerischer Stürmer wäre so tollkühn, uns das Fest zu verderben und sich dafür einen ungeahndeten Knochenbruch einzuhandeln, schon gar nicht so kurz vorm Sommer, wenn die Hitze in dem vom Fußknöchel bis zur Leiste eingegipsten Fuß unerträglich sein würde. Aber bei Estudiantil lag die Sache anders.

Argentinier kennen nur ein süßeres Vergnügen als das eigene Glück: das Unglück der anderen. Und Estudiantil war entschlossen, dieser traditionellen Sehnsucht Genüge zu leisten, und hatte sich mit einem Eifer auf das Spiel vorbereitet, der ihren mageren zehnten Tabellenplatz Lügen strafte.

Unsere Mittel waren eher beschränkt: zwei schnelle Außenstürmer, ein brauchbarer Mittelfeldregisseur und zwei instinktiv blutrünstige Innenverteidiger, die selbst die eigene Mutter in zwei Stücke reißen würden, sollte sie auf die dumme Idee kommen, mit dem Ball am Fuß in ihre Zone einzudringen. Noch dazu hatten die anderen Negro Pérez als Schiedsrichter nominiert, einen Polizisten der Federal, der davon ausging, dass wir alle Verbrecher waren, es sei denn, wir bewiesen unwiderlegbar das Gegenteil. Ein Schiedsrichter, der jedes härtere Tackling pfeifen würde, war das Schlimmste, was uns passieren konnte. Trotzdem schworen wir uns gegenseitig zu gewinnen, koste es, was es wolle. Auch wir waren Argentinier: Wenn wir auf ihrem eigenen Platz die Ehrenrunde liefen, würden wir in die Annalen eingehen.

Die Partie begann hitzig. In der fünfzehnten Minute der ersten Halbzeit verloren wir einen unserer Innenverteidiger, und wenn ich ehrlich bin, war Pérez noch gnädig zu ihm. Nach zehn Minuten hatte der Typ sich schon genug geleistet, um direkt ins Gefängnis zu wandern. Aber sein Opfer war nicht umsonst: Den Stürmern der anderen hatten diese fünfzehn Minuten offenbar wehgetan, denn danach trauten sie sich kaum noch in den Strafraum und probierten es mit Weitschüssen. Die Ränge waren ein Pulverfass, zweihundert Freiwillige waren nur allzu bereit, die Lunte anzuzünden. Das Stadion hatte nur eine Tribüne, an einer der Längsseiten, und dort hatten sich die Fans der anderen breitgemacht. Unsere Leute drängten sich in der Kurve, eng an den Zaun gequetscht. Der dicke Nápoli, dessen Sohn bei uns als rechter Außenstürmer spielte, machte Fotos von den gegnerischen Fans. Er nutzte jede leisere Minute, um ihnen lautstark dafür zu danken, endlich sein Insektenalbum vollzukriegen.

Die Partie schleppte sich dahin, als wären die Sekunden aus Blei. Ich drehte mich jede halbe Minute um und fragte, wie lange es noch ginge. Don Alberto stand am Zaun und schrie, ich solle nicht nerven und das Spiel im Auge behalten, sonst würde ich mir noch ein dummes Tor einfangen. Aber ich fragte nicht, weil ich doof im Kopf war. Ich fragte, weil ich spürte, dass etwas in der Luft lag, dass gleich etwas Schlimmes passieren würde und ich es nicht verhindern konnte. Kurz vor Ende der ersten Halbzeit wurde meine böse Vorahnung wahr: Der Mittelstürmer von Estudiantil hämmerte den Ball von der Sechzehnmeterlinie aus direkt in den Winkel. Wir konnten nur noch den Anstoß ausführen, und schon schickte uns Pérez in die

Kabine. Die gegnerischen Fans waren aus dem Häuschen, und ich hätte am liebsten geheult.

Ich erinnere mich, als wäre es heute. Du hast als linker Verteidiger gespielt und warst einer unserer Besten. Aber in der ersten Halbzeit lief das Spiel komplett an dir vorbei, als wärst du ein Vollidiot. Die wenigen Bälle, die du erobert hast, sind dir versprungen oder du hast sie zum Gegner gepasst. Chiche konnte es nicht glauben, schrie dich an wie ein Irrer, um dich wachzurütteln. Er wollte dich in Rage versetzen, wie früher, als wir noch auf der Straße kickten. Aber du hast einfach nur dämlich aus der Wäsche geglotzt. Immer warst du an der falschen Stelle, hast furchtbare Pässe gespielt, den Spielfluss mit unnötigen Fouls unterbrochen.

In der Halbzeit steckte der dicke Nápoli die Kamera weg und hielt aus dem Stand eine Notansprache. Er machte seine Sache richtig gut. Weitschweifig wie immer, aber ohne falsche Rücksicht rief er uns in Erinnerung, was uns völlig klar war: Wenn wir das Spiel verloren und Estudiantil uns die Meisterschaft verhagelte, bräuchten wir uns im Viertel nicht mehr blicken zu lassen, dann würden wir von allem, was in Belgrano kreuchte und fleuchte, verflucht werden bis ans Ende unserer Tage. Du hast mit ausgestreckten Beinen und hängendem Kopf auf der grauen Bank gesessen. Als wir zur zweiten Halbzeit rausgerufen wurden, musste ich dich mitziehen. Ich weiß nicht, ob es die Angst war, aber plötzlich ertappte ich mich dabei, wie ich dich fast weinerlich anflehte, mir zu helfen,

46

nicht aufzugeben, ich bräuchte dich, sonst würden wir alle untergehen. Offenbar habe ich dich beeindruckt mit meinem wortreichen Gefühlsausbruch (wo ich doch immer ein eher schüchterner Typ war), denn du bist aufgestanden und hast nur gesagt: »Gehen wir.« Dem Ton nach warst du wieder du selbst.

Die zweite Halbzeit verging wie im Flug. Es ist unglaublich, wie das Leben rast, wenn man hinten liegt. Ich fragte nicht mehr nach der Uhrzeit. Don Alberto schrie, wir sollten ihnen Dampf machen, das Spiel sei bald zu Ende. Und du warst wieder ganz bei Sinnen. Alle Bälle, die dir in der ersten Halbzeit versprungen waren, bekamst du jetzt unter Kontrolle und hast sie klug verteilt. Statt Bälle herzuschenken, hast du lange, gut getimte Pässe geschlagen. Aber es reichte nicht. Wir trafen zweimal den Pfosten, und Nápoli junior scheiterte zweimal in Eins-zu-eins-Situationen am Torhüter (der dummerweise einen guten Tag erwischt hatte). Nach einer halben Stunde beschlich mich wieder dieses Gefühl einer drohenden Katastrophe.

Ganz Unrecht hatte ich nicht. Weil wir auf den Ausgleich drängten, fingen wir einen Konter: Drei Stürmer liefen auf den Innenverteidiger (er hieß Montanaro) und mich zu. Den Ball führte der Mittelstürmer, der ihn kurz vorm Strafraum nach links zum Außenstürmer passte. Montanaro stellte ihn und hielt ihn einige Sekunden auf, aber der Typ schaffte es, in die Mitte zu flanken, wo der Ball wieder dem Mittelstürmer vor die Füße fiel. Mir blieb nichts anderes übrig, als rauszulaufen. Es ist unglaublich, wie Menschen manchmal an sich selbst scheitern. Hätte der Typ nach rechts gepasst, wäre der Ball drin gewesen. Aber das Fleisch ist schwach: die Schreie der Fans, das riesige Tor, der Traum, derjenige zu sein, der uns endgültig in Schimpf und Schande versinken lässt. Lieber andeuten, die Hüfte kippen, den Torwart umspielen, unsterblich werden durch das entscheidende Tor … Da kam die tödliche Attacke auf sein linkes Knie, und er wurde von den Beinen gerissen.

Pérez pfiff sofort Elfmeter. Der kleine Stürmer lag noch jaulend vor Schmerzen auf dem Boden. Ich flog nicht vom Platz. Wahrscheinlich war es die allgemeine Stimmung, die mich rettete. Es machte sich nämlich die trügerische Gewissheit breit, dass die Sache gegessen war. Die anderen lagen sich schon in den Armen. Die Fans schäumten über vor Freude wegen des wahr gewordenen Traums. Der dicke Nápoli stand an den Zaun geklammert und heulte. Don Alberto biss die Zähne aufeinander und fluchte. Hätte jemand in diesem Moment zu mir gesagt, los, gehen wir, hätte ich mich nicht zweimal bitten lassen. Ich hörte ihn fast schon, den Torschrei, der nach dem verwandelten Elfmeter aufbranden würde. Ich sah mich schon auf dem Boden liegen, um mich herum hüpfende Dreckskerle, die sich in den Armen lagen, die wieder und wieder den Ball ins Netz droschen. Ich drehte mich um und suchte inmitten der traurigen Gesichter nach Don Alberto. »Noch drei Minuten«, sagte er, als sich unsere Blicke schließlich fanden. Es war wie ein unwiderrufliches Urteil. In diesem Moment ließ ich die Arme sinken. Ein zwei zu null ist endgültig, wenn man auswärts antritt und nur noch drei Minuten zu spielen sind. Zu Hause kann alles Mögliche passieren, na ja, letztlich auch nicht. Wie sollten wir das noch mal umbiegen?

Ich stellte mich auf die Linie wie jemand, der aufs Schafott muss. Ich wollte nur noch, dass es schnell vorbei war, wollte die Typen nicht sehen, die trunken vor Triumph umherhüpften wie Verrückte.

Da kamst du. Ich weiß nicht, was du die ganze Zeit gemacht hattest. Vielleicht waren es auch nur Sekunden, die mir wie Jahrhunderte erschienen. Jedenfalls standst du, als ich den Kopf hob, direkt vor mir. Du hast mich am Trikotkragen gepackt und geschüttelt. Du hast mich angeschrien: »Reiß dich zusammen, verdammt!« Dein Gesicht machte mir Angst. Es war eine explosive Mischung aus Wut, Groll, Entschlossenheit und Gewissheit. Das gleiche Gesicht, das du gestern im Bett gemacht hast und mich an all das erinnerte. Du hast bis auf den Grund meiner Seele geschaut, als wolltest du verhindern, dass ich mich ablenken lasse von dem Tumult aus Schreien, Leuchtraketen, Ratschlägen von wegen wirf dich nach rechts, Junge, wirf dich nach links. Als du dir sicher warst, dass ich dich ansah und dir zuhörte, sagtest du, während du mich noch immer am Kragen gepackt hieltest: »Halt ihn, Manuel. Halt ihn für alles, was dir lieb ist. Wenn du ihn hältst, dann schieße ich den Ausgleich, das schwöre ich dir. Versprich mir, dass du ihn hältst, Bruder. Dann schieße ich den Ausgleich, ich schwör's.«

Ich hörte mich sagen, okay, gebongt. Und nicht,

um dir nach dem Mund zu reden, gar nicht. Es war, als würde etwas an deiner Stimme haften, ein Duft nach etwas Wahrem, der das Schicksal besänftigte, es wenden konnte. Von da an war ich wieder ich selbst.

Ich befolgte alle Rituale, die ein Torhüter in diesen Grenzsituationen befolgen muss. Genaro würde schießen, einer der beiden Innenverteidiger, ein grober, kräftiger Italiener, der einen unglaublichen Bums hatte. Ich ging zu ihm hin und rückte den Ball zurecht, weil er angeblich zu weit vorne lag. Ich drehte ihn zweimal und platzierte ihn mit einer geradezu zärtlichen Geste wieder genau an der Stelle, von der ich ihn aufgehoben hatte. Aber Genaro hatte offenbar das mulmige Gefühl, dass ich den Ball irgendwie verhext hatte, denn er ging noch mal vor und legte ihn so hin, wie er es für richtig hielt. Also verließ auch ich wieder die Torlinie und wiederholte die Prozedur. Doch diesmal vergewisserte ich mich, dass der Schiedsrichter mir den Rücken zuwandte, und spuckte kräftig auf einen der schwarzen Flicken. Genaro war jetzt tatsächlich beunruhigt, begab sich ebenfalls wieder zum Ball, wischte ihn am Gras ab und beschwerte sich bei Pérez. Ich wusste, ich hatte die Schmerzgrenze erreicht, und spürte, dass Genaro mich am liebsten umgebracht hätte. Trotzdem ging ich wichtigtuerisch wieder zum Ball. Lautstark wies ich auf meine Rechte hin, und während ich den Ball erneut zurechtrückte, sagte ich leise genug, damit nur er es hörte, zu Genaro, dass er den Elfer versemmeln und mein Bruder den Ausgleich schießen würde, dass er vor Schande an den Arsch der

Welt würde ziehen müssen, ich aber zum Dank damit aufhören würde, seine Freundin anzubaggern. Genaro fluchte wie ein Rohrspatz, wie es von einem echten Mann nicht anders zu erwarten war. Pérez ermahnte ihn, und mich schickte er mit einer Geste, die keinen weiteren Aufschub duldete, auf die Torlinie.

Das Schicksal nahm seinen Lauf. Ich deutete an, dass ich nach links springen würde, blieb aber aufrecht stehen. Normalerweise schoss Genaro mit voller Wucht, aber ohne sich vorzubeugen, so dass der Ball eher hoch flog. Mit Wut im Bauch zog er ab, wollte mich plattmachen, mich bis tief in meine unerlöste Seele demütigen. Kurz geriet ich in Panik, als ich den Ball auf meinen Handschuhspitzen spürte. Er war so scharf geschossen, dass ich Angst hatte, er würde meine Hände umknicken. Und so war es auch, nur dass ich die Flugbahn verändert hatte. Nachdem der Ball mir die Handgelenke verbogen hatte, knallte er gegen die Latte und prallte zwanzig Zentimeter vor der Linie auf den Boden. Ich richtete mich genau im richtigen Moment auf, um ihn zu fangen und mir von Genaros fünfundneunzig Kilo sämtliche Knochen zerquetschen zu lassen. Pérez pfiff Freistoß und rief mir zu: »Du kannst ausführen.«

Ich ignorierte die Freudenschreie unserer Anhänger und sah mich nach dir um. Du standst am Mittelkreis und warst völlig ungedeckt. Die anderen liefen kopfschüttelnd zurück, als könnten sie nicht glauben, dass sie ihr Siegesgebrüll verschieben mussten. Eigentlich war mein Zuspiel ziemlich ungenau, aber weil du gut drauf warst, brachtest du den Ball mit zwei Bewegungen unter Kontrolle. Du hobst den Kopf und passtest ihn zum kleinen Nápoli, der pfeilschnell die linke Außenbahn entlangrannte. Von dort schlug er eine wunderbare Flanke, direkt auf den Elfmeterpunkt, aber irgendeiner von denen schaffte es, den Ball ins Toraus zu bugsieren.

Es gab Ecke, die letzte Aktion. Pérez schielte schon auf seine Uhr, wollte die Partie abpfeifen. Wir versammelten uns alle im Strafraum. Dass ich mich dort tummelte, war eher ein symbolischer Akt. Wenn der Ball auf mich gekommen wäre, hätte ich ihn nicht gezielt köpfen können. Im Tor schlug ich mich wacker, aber auf dem Feld war ich ein Brett mit Beinen. Die Flanke schlug wieder Nápoli, aber diesmal verzog er sie leicht, und der Ball segelte bis fast an die Strafraumecke. Du standst mit dem Rücken zum Tor. Die Sonne war schon untergegangen, Platz und Ball waren kaum noch zu sehen. Ich war hochgestiegen, wo die Luft noch etwas klarer war, und sah den Ball unerreichbar über mich hinwegsegeln. Als er bei dir ankam, muss er für dich ein zischender Schatten gewesen sein.

Es ist unglaublich, dass ich all das vergessen habe, denn je tiefer ich jetzt in die Erinnerung eintauche, desto deutlicher stehen mir die Details vor Augen. Während ich schon dachte, das war's, aus und vorbei, gleich schlägt einer von denen ihn weg, und Pérez pfeift ab, geschah das Wunder. Das Trikot mit der Fünf auf dem Rücken, die gut getimte Beinschere, erst das linke, dann das rechte Bein, der Fallrückzieher ins Blaue hinein, der weißliche Schatten, der den Lauf der Geschichte veränderte, sie auf eine andere Bahn zwang, der Schatten, der pfeifend eine geheimnisvolle Parabel beschrieb, hinweg über die ungläubigen Köpfe, knapp vorbei an der ausfahrenden Hand des entsetzten Torhüters, der in diesem Moment wusste, dass er geschlagen war, dass der Ball auf immer und ewig im Netz zappeln würde, dass es das eins zu eins war. An mehr erinnere ich mich nicht, ein letzter Rest von Energie, um loszurennen, auf den Zaun zu klettern, mich auf den Boden zu werfen und vor Freude zu heulen, um dich stumm und schluchzend zu umarmen. Der dicke Nápoli kramte seine Kamera hervor, schoss wieder Fotos für sein Insektenalbum, die obszönen Gesten, der Schrei aus hundert Kehlen, der glückliche Tumult am Mittelkreis, die Ehrenrunde, auf der wir fernab der Hauptgeraden unsere Spucke abluden.

Gestern Abend, als du wie irr geschaut und mir das Hemd zerknittert hast, bin ich zwanzig Jahre zurückgereist, in die Zeit, als du fünfzehn warst und ich sechzehn, zu deinem blinden Glauben und dem exakten Timing deines legendären Fallrückziehers. Weder du noch ich hatten gestern Lust, darüber zu sprechen. Aber ich wusste, dass du wusstest, dass wir beide an das Gleiche dachten, die gleiche Hoffnung teilten. Wir lagen uns in den Armen und weinten wie zwei Mädchen. Uns lief der Rotz, bis du mich weggestoßen hast und zurück ins Bett gesunken bist. Lass mich allein, hast du gesagt, geh zu den anderen, die machen sich sonst Sorgen. Ich hörte auf dich, weil ich im Halbdunkel des Zimmers deine Augen sah, in denen sich Ärger und Wut spiegelten, blinde Wut. Und mit einem Mal wurde ich ganz ruhig.

Die Nacht verbrachte ich in der Krankenhauskapelle, wo ich betete, dabei immer wieder einnickte, ohne mich jedoch ganz vom Schlaf übermannen zu lassen. Erst als sie dich in die Chirurgie brachten, ging ich in die Cafeteria, um einen Milchkaffee mit Medialunas zu bestellen. Ich nahm die arme Anita mit, die fix und fertig war. Natürlich sagte ich ihr nichts von gestern Abend, denn sie würde mich zum Teufel jagen, wenn ich ihr mit diesen alten Geschichten käme. Auch den anderen sagte ich nichts. Ich ließ sie weiter ihre ambulante Totenwache halten, diesmal im Wartesaal der Chirurgie, ließ die Stunden verstreichen, tröstete Anita und die Kinder, murmelte Durchhalteparolen.

Ich sagte auch nichts, als Rivas herausgestürmt kam, Anita beim Arm nahm, und sie ihm weinend, aber staunend zuhörte, dankbar, ungläubig, und er mit den Händen fuchtelte und sein nach hinten gekämmtes Haar in Unordnung geriet; auch nicht, als es sich unter den Anwesenden herumsprach; auch nicht, als verhaltene Rufe ertönten, scheues Lachen, das nach dem Lachen anderer suchte, um gemeinsam zu schallendem Gelächter anzuschwellen, zu Jubel; und auch nicht, als Anita mit Rivas zu mir kam, damit ich es aus seinem Mund hörte.

Auch da sagte ich nichts, obwohl ich heulte wie ein Schlosshund. Ich heulte, weil mich meine Gefühle überwältigten, klar. Aber ich heulte nicht, weil ich überrascht war. Jedenfalls nicht so wie José, Mirta, die Kinder, ja Anita selbst, die es kaum glauben konnten, die noch angespannt waren, die der Sache noch nicht ganz trauten. An ihrer Stelle wäre ich auch überrascht gewesen. Für sie ist es das erste Wunder. Schließlich haben sie die historische Partie damals nicht miterlebt. Als wir das Auswärtsspiel gegen Estudiantil noch gedreht haben durch dein Fallrückziehertor.

RAULITOS CLUB

Er würde ihm die Freiheit lassen, von Anfang an. Seiner Meinung nach wurde man von der Liebe überwältigt, war Liebe keine Sache der Wahl. Wenn überhaupt, dann wählte die Liebe aus, überwältigte einen. Wenn es sein sollte, würde es sein, dachte er fatalistisch, und wenn nicht, war jede Mühe sowieso vergebens.

Es fiel ihm nicht leicht. Vor allem dann nicht, wenn seine Rivalen Raulito direkt vor seinen Augen auf ihre Seite ziehen wollten. Dann konnte er sich nur mit Mühe zusammenreißen. Er lächelte gequält, wenn Onkel und Cousins, Freunde und Nachbarn Raulito ihre Mannschaft schmackhaft machen, ihn mit Trikots, Bällen und Mützen auf ihr Team einschwören wollten. Er sagte nichts, wenn er einen dieser Fußballgeier wieder mal dabei ertappte, wie er dem Jungen Schlachtgesänge beibrachte, ihn wie beiläufig in die traditionellen Feindschaften einweihte, die eine Mannschaft in den Himmel lobte und alle anderen schlechtredete.

Er ließ sie gewähren. Ein bisschen, weil er zur Resignation neigte. Ein bisschen aber auch, weil ihn an seinen dunklen Tagen der Verdacht beschlich, dass es besser war, wenn die Kette der unerklärlichen Zuneigung mit ihm riss, wenn sein Sohn da nicht mit hineingezogen wurde. Dass sein Junge als Fan eines großen Clubs wahrscheinlich glücklicher sein würde, eines Clubs, der auch mal Meister wurde, der auch mal vor ausverkauftem Haus spielte, dessen Idole es auch mal auf die Titelseite von *El Gráfico* schafften. Schließlich litt er selbst schon seit ... wann? Die Meisterschaft war schon zwanzig Jahre her. Danach war es nur noch bergab gegangen, sogar einen Abstieg hatte er miterleben müssen. Und nach dem Wiederaufstieg die große Enttäuschung 1994. Am letzten Spieltag, mein Gott, ausgerechnet am letzten Spieltag. So wenig hatte gefehlt, ein Unentschieden hätte gereicht. Aber nicht mal das.

Deshalb nahm er es stoisch hin, dass Raulito im Alter von neun Jahren zu sagen begann, er sei für River, »wie Onkel Hugo«, auch wenn er insgeheim, im tiefsten Grund seiner Seele, den Drang verspürte, »Onkel Hugo« durch den Fleischwolf zu drehen und ihn zu Wurst zu verarbeiten.

An anderen Tagen, wenn er mit sich allein war, wusste er, dass er sich etwas vormachte. Dass er sich über nichts mehr freuen würde, als wenn Raulito den anderen den Laufpass gäbe. Dass es jetzt, wo der Junge dreizehn war, fast schon ein Mann, schön gewesen wäre, mit ihm ins Stadion zu gehen. Am frühen Nachmittag aufzubrechen, erst mit dem Zug, dann mit dem 118er Bus, über dies und das zu plaudern, dicht gedrängt auf den oberen Rängen ein Spiel der dritten Liga anzusehen, das Leben Leben sein zu lassen.

Trotzdem änderte er seinen Plan nicht. Kam gar nicht in die Tüte. Wenn es sein sollte, würde es sein, und wenn nicht, dann nicht. Trotzdem hegte und pflegte er sein eigenes Pflänzchen aus lügenhaften Legenden, als wollte er sich einen letzten Rest an Hoffnung erhalten. Ein bisschen schämte er sich schon, wenn er das 73er-Team mit der 86er-Nationalmannschaft verglich, aber das hielt ihn nicht davon ab, seinen falschen Budenzauber zu veranstalten, sich an der Bewunderung zu ergötzen, die sich in Raulitos Augen abzeichnete.

An jenem Nachmittag, jenem unvergesslichen Nachmittag, war anfangs alles wie gehabt: Matetee und das Radio auf dem Eisentisch im Hof. Er warnte seinen Jungen lieber vor. »Hör mal, Raulito, ihr spielt ja heute gegen uns.«

Raulito sah ihn fragend an. »Und? Wo ist das Problem?«

Weil er es so locker nahm, musste der Vater lächeln. »Du hast Recht. Wo ist das Problem?«

In der zwanzigsten Minute Strafstoß für River. Der Junge sah zu seinem Vater, als würde er zögern. Der beruhigte ihn, obwohl es in ihm drin ganz anders aussah. »Schrei ruhig, Raulito. Du darfst aber nicht sauer sein, wenn wir nachher ein Tor schießen und ich dann juble.«

»Nein, Papa, ich werde bestimmt nicht sauer sein«, erwiderte Raulito. Dann jubelte er über das Tor, aber nicht sonderlich ausgelassen. Nur ein kurzer, fast ängstlicher Schrei. Der Vater klopfte ihm auf die Schulter. »Trau dich ruhig, Raulito, du kannst so laut jubeln, wie du willst.«

»Ist schon okay so, Papa«, sagte er nur.

Kurz darauf fiel das zwei zu null. Wieder schaute der Junge zu seinem Vater und klatschte zweimal in die Hände, mehr nicht.

»Was bist du denn für ein Fan? Hat dir das Onkel Hugo so beigebracht?«

»Nein, Papa. Der schreit immer wie ein Bekloppter. Wie du.«

»Dann schrei du ruhig auch.« Und augenzwinkernd fügte er hinzu: »Pass auf, in der zweiten Halbzeit schreie ich dann, ja?«

Er war mit sich selbst im Reinen, verspürte ein einfaches, starkes Glücksgefühl. Fast war es ihm egal, dass seine Mannschaft hinten lag. Im Grunde war es gar nicht so schlecht, dass sein Sohn für River war. Vielleicht konnten sie trotzdem sonntags ins Stadion gehen, immer abwechselnd zu den Heimspielen, wenn der Spielplan es zuließ.

Die zweite Hälfte folgte dem Trampelpfad der Tragödie. Ein Konter, und es stand drei zu null. Der Junge zeigte nicht einmal eine Reaktion, als der Kommentator die Neuigkeit herausbrüllte.

»Mensch, Raulito, bist du eingeschlafen, oder was?« Der Vater klopfte ihm auf die Schulter.

»Nein, Papa.« Er schlenkerte unter dem Tisch mit den Füßen und ballte die Fäuste auf dem Schoß, wie immer, wenn er angestrengt über etwas nachdachte. Dann konnte er es nicht mehr für sich behalten. »Ich weiß auch nicht, die tun mir irgendwie leid.«

Der Vater lachte lauthals. »Du bist mir vielleicht einer. Jetzt freu dich doch. Ein Spiel mehr oder weniger, was soll's … Und außerdem, noch ist nicht gesagt, dass wir am Ende nicht unentschieden spielen.«

Wie um ihm Recht zu geben, fiel kurz darauf das eins zu drei. Der Vater stieß einen verhaltenen Schrei aus wie wahrscheinlich auch die Spieler, die sich nur kurz abklatschten, dem auf Zeit spielenden Torwart den Ball aus den Händen rissen und zum Mittelkreis liefen, damit das Spiel so schnell wie möglich weitergehen konnte. Der Sohn schaute seinen Vater an, aber nicht traurig. Als sich ihre Blicke trafen, lächelten beide.

»Ich hab's dir gesagt, Junge, mit uns muss man immer rechnen. So leicht lassen wir uns nicht unterkriegen.«

Im Radio hieß es, die Partie werde immer besser.

»Hast du gehört, Raulito? Wir drängen euch hinten rein.«

Der Hinweis war unnötig. Der Junge hörte konzentriert, ja fast ernst zu. Bei jedem Spielzug ging er mit den Füßen mit, als stünde er selber auf dem Platz. Der Vater lächelte, typisch Jungs. Na ja, nicht nur Jungs: Vor zwei Wochen hatte er selber die Thermoskanne zertreten, um mit letzter Kraft einen flachen Schuss zur Ecke zu lenken, an den der Torwart nie und nimmer drangekommen wäre.

Um die dreißigste Minute Eckball gegen River. Der Junge lauschte wie gebannt, wiegte sogar leicht den Oberkörper hin und her, wie ein guter Kopfballspieler, der den richtigen Moment abpasst, um sich vom Verteidiger wegzustehlen, abzuspringen und mit der

Stirn einzunicken. Dem Vater kam es komisch vor, wie Raulito dastand, mit diesem Ausdruck in den dunklen Augen.

Sein Herz schlug höher, als er begriff: Der Junge versetzte sich in den Angreifer, nicht in den Verteidiger. Er wollte seinen Bewacher abschütteln, in seinen Augen brannte ein Her-mit-dem-Ball, ein Ich-mach-ihn-rein. Sein rechter Arm ging hoch, wie um dem Außenstürmer anzuzeigen, wo er den Ball hinhaben wollte, dahin, genau dahin.

Die Schilderung verdichtete sich zu einem hohen Ton, einem dieser Töne, die sich in die Länge ziehen, in der Luft schweben, während der Kommentator wartet, ob er Tor schreien oder knapp vorbei sagen soll. In diesem Fall war diese Entscheidung gar nicht nötig, weil die Fans hinter dem Tor zuerst schrien und der Kommentator sich erst dann dem Schrei anschloss. Der Vater jubelte begeistert, war außer sich vor Freude. Drei zu null ist eine Sache, aber drei zu zwei eine ganz andere, weil dann ...

Plötzlich wurde er aus seinen Gedanken gerissen. Vor seinen Füßen kniete der Junge und schrie wie am Spieß, das Gesicht zum Himmel gerichtet, die Arme ausgestreckt, die Handflächen geöffnet. Das Kreischen seiner Kinderstimme mischte sich mit dem dunklen Timbre des angehenden Erwachsenen. Es war um ihn geschehen, es gab kein Zurück mehr, das süße Gift der ewigen Liebe floss in seinen Adern. Von nun an würde er keinem anderen Team die Treue halten, egal wie viele schmerzhafte und glorreiche Momente ihn erwarteten. Da kniete er und stieß den ersten befreiten Schrei seines Lebens gen Himmel.

Der Vater sah ihn an, bis dem Jungen die Stimme versagte und er sich wieder setzte. Er hatte Angst, etwas zu sagen, als berge jedes Wort die Gefahr, den Zauber dieses historischen Augenblicks zu zerstören. Der Junge hingegen schaute ihn nicht an. Er war blind gegenüber allem, was nicht dieses Stadion war, dieses vermaledeite Tor, diese tickende Uhr, diese endlose Schilderung von Flanken, die in den Strafraum segelten und in höchster Not geklärt wurden. Vor allem daran erinnerte sich der Vater hinterher, denn in diesem Moment war er so sehr versunken in sein kleines Wunder, dass er den Jungen nur anstarren konnte, mit den Augen fressen, das Bild für immer in den tiefsten Tiefen seiner Seele verwahren.

So stand er da, als schon in der Nachspielzeit River unglücklich auf Abseits spielte und der Mittelstürmer mit dem Ball am Fuß entwischte. Die Stimme des Kommentators schwoll wieder zu jenem schrillen Orakelton an. Der Junge sprang auf, ertrug die Spannung kaum noch. Im Hintergrund brüllten die Fans, Vater und Sohn hielten den Atem an, waren mit Leib und Seele bei dem Mittelstürmer, der in den Strafraum eindrang und den Ball über den Torwart hinweg ins lange Eck lupfte. Plötzlich riss die Schilderung ab, und als sie wieder einsetzte, war die Stimme des Kommentators wieder abgeschwollen, um das Unerklärliche zu erklären: Der Ball hatte die Latte geküsst und war aufs Tornetz gekullert, Abpfiff, Schluss, aus und vorbei.

Der Vater sah seinen Sohn an. Der Junge war vor Wut rot angelaufen, hatte ungläubig die Augen weit aufgerissen, die Fäuste vor Ohnmacht geballt. Erst wollte der Vater etwas sagen, um diesen brennenden Schmerz zu lindern. Aber dann hielt er es für besser, es nicht zu tun, denn das Leben war nun mal so, und wenn es immer so war, dann war es auch gut so. Der Junge verzog seinen Mund zu einer Grimasse und brach dann vollends in Tränen aus. Dabei war er schon groß, groß genug jedenfalls, um lieber allein weinen zu wollen. Deshalb sprang er auf und rannte in sein Zimmer. Der Vater hörte die Tür knallen, er musste ihm nicht folgen, wusste auch so, dass er auf dem Bett lag, aufgewühlt, enttäuscht, unschlüssig, wohin mit seiner Wut und seinem Schmerz.

Der Vater wusste es, weil er selber heulte wie ein Schlosshund, nur dass er diese Tränen genoss. Weil man anfangs noch behaupten kann, für mehrere Mannschaften zu sein; weil man es sich noch überlegen kann, vor allem, wenn einen Onkel und ältere Cousins umschwirren, die mit Bällen und Trikots die Treue eines jungfräulichen Herzens erkaufen wollen. Aber wenn man mal wegen einer Mannschaft geheult hat, ist die Sache gegessen. Dann gibt es kein Zurück mehr. Keine Chance. Nach einem freudigen Erlebnis vielleicht, aber nicht nach Tränen. Denn wenn man wegen seiner Mannschaft leidet, ist da ein unbegreifliches Loch im Bauch, das mit nichts gefüllt werden kann. Oder besser gesagt, das nur mit einem gefüllt werden kann: mit einem Sieg am nächsten Sonntag.

Die Sache war also entschieden. Die Würfel waren gefallen. Wir hier und die da. Manche freundlich gesinnt, andere weniger. Jedenfalls wir, die von hier, auf dieser Seite, vielleicht noch ohne Sieg auf dem Habenkonto, aber mit gemeinsam vergossenen Tränen über unzählige Niederlagen.

Als seine Frau in den Hof kam, weil sie es merkwürdig fand, dass ihr Mann an einem kalten Herbstabend noch so vergnügt draußen saß, sah sie, dass auch er weinte, nur dass seine Tränen dick waren, sämig, von der Sorte, die eine klebrige Spur hinterlassen, die man weint, wenn man zu glücklich ist, um einfach nur zu lachen.

»Darf man fragen, was mit euch los ist?«, sagte seine Frau verwirrt. Er sah sie an, bemühte sich nicht einmal, seine Tränen zu verbergen. »Gerade eben ist Raulito in sein Zimmer gerannt und hat die Tür hinter sich zugeschlagen. Er will mich nicht reinlassen, obwohl ich höre, dass er sich die Augen aus dem Kopf heult. Und jetzt komme ich hier raus und sehe, dass auch dir der Rotz läuft. Kannst du mir bitte mal sagen, was zum Teufel hier vor sich geht?«

Der Mann sah sie milde an. Was sollte er sonst auch tun? Es ihr zu erklären versuchen? Wie? Er sah sie also einfach nur an, während er weiterhin spürte, wie die Zeit aus dem gläsernen Tropf dieses unverwüstlichen Augenblicks rann.

»Lass mich raten: Ihr habt gegen River gewonnen, und du hast ihn gefrotzelt. Stimmt's? Du hast dich mit dem Kleinen angelegt. Hab ich Recht?« Sie sah ihn vorwurfsvoll an. »So alt und so ein Kindskopf. Schämst du dich nicht?«

»Ich habe nichts getan, Graciela. River hat drei zu zwei gewonnen. Gar nichts habe ich zu dem Jungen gesagt, ich schwör's«, antwortete er gelassen vom Gipfel seiner wiedererlangten Seelenruhe.

»Jetzt verstehe ich überhaupt nichts mehr. River hat gewonnen, und der Kleine hat sich in seinem Zimmer eingeschlossen und heult?«

»Genau. River hat gewonnen. Aber der Junge ist gar nicht für River.« Er fühlte sich mit dem Leben versöhnt, war euphorisch, dankbar, gerührt: Herr über die Worte, die er gleich sagen würde. Er stand auf, denn solche Dinge musste man im Stehen sagen: »Es ist nämlich so, dass Raulito für Huracán ist, Graciela. Für Huracán!«

MIT EINEM TANGO ZU KICKEN IST VIEL SCHWERER, ALS ES AUF DEN ERSTEN BLICK DEN ANSCHEIN HAT

Für die Erwachsenen vielleicht mit ihrer leichtfertigen Tendenz zu groben Verallgemeinerungen war es ein und dasselbe Viertel. Für die Erwachsenen vielleicht mit ihrer Denkfaulheit, ihrem mangelnden Überblick, ihrer Vernachlässigung wesentlicher Details bildete unsere Häuserzeile, der Schauplatz unserer Streiche, mit den drum herum liegenden Blocks ein einziges Viertel.

Aber für uns Kinder war es sonnenklar, dass es zwei verschiedene Viertel waren, das von uns und das von denen, den Jungs, die um die Ecke wohnten. Unser Viertel bestand aus vier Blocks, zwei die eine Straße lang, zwei die andere, war das perfekte Kreuz aus zwei symmetrischen Gehwegen, die uns gehörten, nur uns. Um die Ecke, da waren die; um die Ecke, das war weit weg. So weit weg, dass es das Viertel von denen war.

Mit acht oder neun war unser Aktionsradius für Exkursionen sehr begrenzt. Unsere Mütter nervten uns noch damit, dass sie uns sehen können mussten, wenn sie raus auf den Gehweg schauten.

Um die Ecke – sprich: die Welt, das Universum – war also noch verboten weit weg. Aber als wir elf oder zwölf waren, fanden sich unsere Mütter allmählich damit ab, dass sie uns nicht mehr sahen, wenn sie rausschauten, dass sie auf den Heiligen Geist vertrauen und den Schmerz und die Angst ertragen mussten, nur vermuten zu können, dass wir um die Ecke waren oder um die Ecke der Ecke oder sonst wo. Sie konnten höchstens noch darauf bestehen, dass wir spätestens zur Milch am Nachmittag wieder zurückkamen. Aber sie konnten nicht mehr verlangen, Gott bewahre, dass wir auf unserem Gehweg blieben oder in unserer Häuserreihe, wo doch so viel Welt da draußen auf uns wartete. Mit acht oder neun, okay, da ging es noch. Aber mit zwölf lagen die Dinge anders, und zwar für immer.

Auf einer dieser Exkursionen, kurz hinter der Grenze unserer Welt, stießen wir auf sie. Sie saßen auf dem Gehweg, an eine Häuserwand gelehnt, die schon zu ihrem Territorium gehörte, und schlugen die Zeit tot. Wie wir waren sie zu sechst oder zu siebt. Sie teilten gerade den Rest einer Flasche Wasser unter sich auf, sahen verschwitzt aus, durstig. Auf der Straße lagen noch die Steinbrocken für die Tormarkierung. Es war offensichtlich, dass sie gerade Fußball gespielt hatten.

Der Mensch liebt die Herausforderung, den Wettstreit. Vermutlich war das der Grund, warum einer von uns, einer der Wagemutigeren und Kampflustigeren, scharf bremste, einen Fuß auf den Bordstein stellte und sie ansah. Wir anderen taten es ihm nach, gehorchten diesem solidarischen Reflex, der in der Kindheit noch funktioniert wie geschmiert und traurigerweise mit den Jahren verkümmert.

Zuerst wurden wahrscheinlich Fragen in den Raum gestellt und ausweichende Antworten gegeben. Woher sie kamen? Woher wir? Wie viele sie in ihrem Viertel waren? Wie viele wir in unserem? Was unser Club war? Was ihrer? Ob sie spielen konnten? Ob wir spielen konnten? Danach prahlte wahrscheinlich einer von denen mit einem unvergesslichen Sieg gegen eine Mannschaft aus einem anderen, so geheimnisvollen wie furchterregenden Viertel. Irgendein Großschwätzer von uns konterte wahrscheinlich mit einer noch beeindruckenderen Heldentat. Blicke wurden gekreuzt, ein nur für Eingeweihte erkennbares Zeichen ausgetauscht. Und schon war das Duell abgemacht, wie eine brennende Lanze, die vor dem gegnerischen Stamm in den Boden gerammt wird.

Sie schauten sich gegenseitig an, als hätten sie jede Menge Erfahrung in diesen Dingen, wie Profis. Dann wurde um einen Termin gefeilscht, als wären sie weiß Gott wie beschäftigt. Vermutlich waren sie so verstrickt in ihre Lügen und Aufschneiderei, dass sie nicht bemerkten, wie einigen von uns die Stimme zitterte, wie sich auf den Gesichtern der Kleineren Panik abzeichnete, bei den Wagemutigeren auch Kampfeslust. Sie stellten nur eine Bedingung: dass sie den Ort bestimmen und den Ball stellen durften. Und wir waren so blauäugig, so vertrauensselig, so dämlich, dass wir akzeptierten.

Am vereinbarten Tag gingen wir zu Fuß: Man kann kein Duell austragen und sich alle zwei Minuten vergewissern, dass alle Fahrräder noch parken. Jede Ablenkung kann fatale Folgen haben, sei es, dass ein Fahrrad geklaut wird, sei es, dass man ein dummes Tor fängt. Die erste Überraschung war der Platz. Sie warteten auf dem Gehweg auf uns, hatten aber keine Tore markiert. Als wir nachfragten, zeigten sie auf die legendäre Mauer des Stadions in der Calle Buchardo. Verblüfft sahen wir uns an. Wenn wir als Kinder vom »Buchardo-Stadion« sprachen, war das, wie zu sagen: »Wir spielen im Maracaná« oder »Kommt vorbei, die Partie ist im Wembleystadion«.

Das Buchardo-Stadion lag in einem riesigen Brachgelände, das durch eine hohe Ziegelsteinmauer vor unliebsamen Besuchern geschützt war. Der einzige Zugang führte durch den Garten eines Anwohners, der sich einen Spaß daraus machte, an die Fensterscheibe zu hämmern und wild herumzufuchteln, wenn jemand es wagte, auch nur einen Blick ins Innere erhaschen zu wollen. Denn dieser Fußballplatz hatte Tore aus Holz, und an den Ecken wuchs sogar Gras, jedenfalls spielten dort die Erwachsenen und nicht die Kinder. Und einer dieser Erwachsenen war der wachsame Pförtner, der uns sonst immer davonjagte. Was wir nicht wussten und erst am Tag der Partie herausfanden: Der Kapitän der anderen war der Neffe dieses furchterregenden Wächters, was ihnen unter der Woche freien Zutritt zu diesem tollen Stadion verschaffte.

Auf dem letzten Stück Weg warfen wir uns gegenseitig aufmunternde Blicke zu und ließen uns um nichts in der Welt anmerken, dass wir noch nie auf einem echten Fußballplatz gespielt hatten. Wir durchquerten den Garten des Pförtners wie jemand, der blind über ein Minenfeld geht, in ständiger Erwartung, dass es gleich schrecklich knallte, dass der Vorhang aufgerissen, wütend gegen die Fensterscheibe geschlagen und »verschwindet, ihr Rotzlöffel« gebrüllt wurde. Aber nichts dergleichen passierte. Entweder war der Mann nicht zu Hause oder sein Neffe hatte ihm Bescheid gesagt. Schließlich kletterten wir an der niedrigsten Stelle über die Mauer. Mit einem dumpfen Geräusch landeten wir im gelobten Land. Nie werde ich dieses Geräusch vergessen, und die anderen vermutlich auch nicht. Es klang nach Geheimnis, nach Initiation, nach Schmach und nach Abenteuer.

Wir sahen, wie sie die Taschen öffneten, die sie unterm Arm getragen hatten, mit einer mürrischen Geste, aber der Wirkung auf uns vollkommen bewusst: Fußballschuhe. Wir hatten zwar eine große Klappe gehabt, aber immer nur auf Asphalt gespielt. Und auf Asphalt wurde mit Turnschuhen gekickt. Mit alten Turnschuhen wohlgemerkt, mit denen von Flecha, die wir endgültig abtragen durften, zerfleddern, versauen mit so einem unnötigen Quatsch wie Fußball. Turnschuhe, die an der Gummispitze schon aus der Naht gingen, bei denen man aufpassen musste, dass die Zehen nicht durch die Löcher guckten, wenn man schoss. Und jetzt kamen die mit schwarzen Stollenschuhen an, mit denen man einerseits mit der Picke draufhalten, andererseits seinem armen, wehrlosen Gegenspieler die Waden malträtieren konnte.

Aufbrausend wie ich war, wies ich sie deutlich darauf hin, dass wir in Turnschuhen spielten und ihre Stollenschuhe eine Verletzungsgefahr für uns darstellten. Aber sie machten ein unschuldiges Gesicht und meinten, das hätte ihnen keiner gesagt, sie spielten immer so, wie man eben richtig spielt, das neulich sei nur Training gewesen. Ich kam mir vor wie ein primitiver Höhlenbewohner, verkniff mir weitere Kommentare und wandte mich an die anderen, um mir Unterstützung zu holen. Aber allen saß der Schreck zu tief in den Gliedern.

Das Schlimmste kam erst noch. Großkotzig hoben sie eine große weiße Supermarkttüte hoch, packten sie am unteren Ende und rissen den Verschluss auf. Die Tüte knickte ein, öffnete ihren geheimnisvollen Mund und spuckte einen Tango aus. Das war zu viel: Ein Fußballplatz mit Holztoren, okay. Gegenspieler mit Stollenschuhen, schon gefährlicher. Aber ein echter Tango, der dreimal aufsprang, bis er brav zu liegen kam, das war inakzeptabel. Wir – die wir mit einem kleinen Nummer fünf kickten, einem Ball mit länglichen schwarz-weißen Flicken, der eher oval als rund war und praktisch überhaupt nicht aufsprang, einem Ball, den man sorgfältig mit altem Bratfett einschmieren musste –, wir hatten einen Tango höchstens mal im Fernsehen gesehen, bei der Weltmeisterschaft 1978, und dann noch mal aus der Nähe im Schaufenster eines Sportladens in der Stadt. Aber in unserem Viertel hatte keiner einen. Und diese Typen holten einfach einen aus der Tüte, als wäre es das Selbstverständlichste der Welt.

Jetzt beschwerte sich Felipe, fragte, wo der denn

gewesen sei, neulich auf dem Gehweg, als wir uns zum ersten Mal getroffen hätten. Der Kapitän von denen, ich glaube, er hieß Walter, kam mit dem Tango in der Hand her und redete in oberlehrerhaftem Ton mit uns, als wären wir unterbelichtet. Es sei doch wohl offensichtlich, dass dieser Ball eine Plastikschicht hätte, um das Leder zu schützen, von daher könne man unmöglich auf der Straße damit kicken, wenn man ihn nicht ruinieren wolle, und da sie immer auf Gras oder höchstens mal auf einem Hartplatz kickten, seien sie gar nicht auf die Idee gekommen, wir könnten mit etwas anderem spielen wollen. Gustavo war geistesgegenwärtig genug, unseren Witz von einem Ball unter seiner Jacke zu verstecken.

Wir starrten den Tango an wie Idioten. Zu allem Überfluss war er auch noch orange, weil, wie dieser Walter uns wissen ließ, sein Vater Pilot bei Aerolineas sei und ihn aus Europa mitgebracht habe, und in Europa seien die Bälle orange, damit man sie im Schnee erkennen könne.

Als das Spiel losging, bestätigte sich unsere böse Vorahnung, dass ein Tango mit keinem anderen Ball im Universum vergleichbar war. Zunächst mal sprang er doppelt so hoch auf. Wir brachten ihn einfach nicht unter Kontrolle. Jedes Steinchen auf dem Platz veränderte seine Richtung und machte uns das Leben schwer. Außerdem tat er höllisch weh. Ich bekam zwei oder drei Schüsse aufs Tor, die mir fast die Hände brachen, und das, obwohl ich mit Handschuhen spielte (aussortierten Wollhandschuhen). Am meisten litt Gustavo, unser bester Spieler, der nicht mit der Picke schoss wie der Rest von uns, sondern mit Effet. Kaum waren fünf Minuten gespielt, taten ihm schon bis zum Knöchel hoch die Füße weh. Unsere Turnschuhe waren absolut ungeeignet, um mit so einem Brocken zu kicken. Und dann war da noch die Größe. Unser Nummer fünf war wie ein dürrer Cousin aus armen Verhältnissen, vom Umfang vielleicht halb so groß wie diese orangefarbene Riesenkugel mit ihren glänzenden schwarzen Triaden. Am meisten aber regte mich aber auf, dass sie genauso schlimme Rumpelfüßler waren wie wir, nur dass sie mit ihren Stollenschuhen rücksichtslos zutraten und wir zur Sicherheit lieber zurückzogen und dadurch jeden Zweikampf verloren. Der Tango war die reinste Schikane. Wir brachten keine zwei vernünftigen Pässe zustande. Und wir fingen uns ein dämliches Tor: einen Schuss aus kurzer Distanz, der mir die Hand umknickte (außerdem fühlte ich mich zwischen den Pfosten eines richtigen Tors wie verloren).

Durch dieses Scheißtor führten sie also mit eins zu null, und jeden Moment würde das zweite fallen, das war so sicher wie das Amen in der Kirche.

Gott sei Dank hatte Adrián inmitten all dieser Widrigkeiten eine mystische Eingebung. Er rief Miguelito zu sich, der schon in die Höhe geschossen und zwei Köpfe größer war als wir. An dem Tag war er geladener als irgendwer sonst, weil er sich an seine neuen Dimensionen noch nicht gewöhnt hatte und dieser verhexte Ball ihn noch stärker in den Wahnsinn trieb als unsereiner. Adrián flüsterte ihm etwas ins Ohr, und er lächelte vergnügt, als wägte er die Idee ab, als ließe er sich eine unvergessliche Rache, die nur gerecht war, schon mal auf der Zunge zergehen. Vom Tor aus bekam ich nicht viel mit – bis dann der Befreiungsschlag aus dem Sechzehner der anderen kam. Miguel machte Anstalten, den Ball mit links zu schießen. Technisch war er, wie erwähnt, noch etwas unfähiger als die meisten von uns. Aber sein Schuss war ein richtiger Hammer. Fast schon zahm kam der Tango auf ihn zugehoppelt, als bäte er um Erlaubnis, noch einige Meter rollen zu dürfen. Miguel stellte sich auf sein rechtes Bein, neigte sich leicht nach vorn und zog ab. Der Ball zischte los wie eine Rakete, schoss wie ein rückwärtsfliegender Meteorit gen Himmel, über die Mauer hinweg, aber nicht auf die Seite zur Straße hin (unser Tor war Richtung Gehweg), sondern nach hinten raus, zu einem alten, düsteren Haus. Seitlich, wo die Mauer ebenfalls nur halbhoch war und eng an der Außenlinie verlief, befand sich ein rund zwei Meter hoher Drahtzaun, weil die Gefahr, dass der Ball da drüberflog, offensichtlich war. Aber hinter dem Tor der anderen, auf der Seite, wo dieses Haus lag, war bis zur Mauer noch dreißig Meter Brachland, das noch dazu mit Gestrüpp, Büschen und kleinen Bäumen überwuchert war. Man kam gar nicht auf den Gedanken, dass der Ball so weit fliegen könnte. Jedenfalls jagte Miguel mit diesem historischen Schuss den Ball in die Wolken. Er flog weit über die Querlatte, segelte über zwei verpestete Zitronenbäume und Schilfgras hinweg, schwebte über dem Unkraut und dem Efeu und schlug mit einem blechernen Scheppern, das einem durch Mark und Bein ging, im geheimnisvollen Jenseits auf. Der Besitzer des Balls, ein blässliches Pummelchen mit Sommersprossen, das von Fußball so viel Ahnung hatte wie ich von Astronomie, konnte einen Schrei des Entsetzens nicht unterdrücken, und seine Mitspieler schauten verdattert drein. Wir wiederum guckten zerknirscht, kämpften uns mit ihnen durch den Unkrautacker und machten ihnen sogar die Baumleiter, damit sie über die Trennmauer schauen konnten. Keine Chance: Der Ball lag in einem gefliesten Hinterhof. Gescheppert hatte es, weil er gegen die Eisentür geknallt war, die von der Küche zum Hof führte.

Zum Glück für uns war es drei Uhr nachmittags. Bei einem Fremden zu klingeln und um einen Ball zu bitten ist um jede Uhrzeit eine heikle Angelegenheit. Aber während der Siesta ist es ein freiwilliger Gang aufs Schafott. Das wussten wir, und sie wussten es auch. Das bleiche Pummelchen appellierte an den Korpsgeist seiner Mitstreiter, aber vergeblich. Es kamen nur ausweichende Antworten, von wegen lieber später, aber jetzt, während der Siesta, nicht mal besoffen.

Mit entsprechendem Gesicht drückte Alejandro sein Bedauern aus, so ein Mist, jetzt müssten wir mit einem anderen Ball weiterspielen. Sie sahen sich gegenseitig an und nickten, sagten, sie hätten aber keinen anderen dabei. Ich wusste, dass es gelogen war, denn ich hatte den rot-blauen, ebenfalls sehr schönen Ball gesehen, mit dem sie neulich auf der Straße gespielt hatten. Aber man merkte ihnen die Angst förmlich an, dass Miguelito noch mal seinen Hammer auspacken und auch den zweiten Ball ohne Zwischenstopp in den Hinterhof befördern könnte. Plötzlich schlug sich Alejandro, als wäre es ihm gerade eingefallen, mit der Hand an die Stirn und sagte, wir hätten ja auch einen mitgebracht. Freimütig stellte er klar, dass er natürlich nicht vergleichbar sei mit dem Ball, den Miguelito gerade ins Niemandsland geballert habe. Aber da nun mal kein besserer da sei ...

Sie fackelten nicht lange und stimmten zu. Alejandro ging hinters Tor und zog unter dem Jackenhaufen unseren Ball hervor. Ich erinnere mich noch gut, dass er mir noch nie so schön erschienen war, mit seinen verblichenen grauen Flicken, seinem ranzigen Geruch nach Bratfett, seinen Beulen, durch die von einer Kugelform keine Rede mehr sein konnte, seiner löschfesten Kugelschreibermarkierung dort, wo das Ventil war, zwischen den Nähten, damit es beim Aufblasen nicht zu tragischen Unglücken kam. Die Voraussetzungen hatten sich gründlich geändert. Ab jetzt galt es, einfach mal flach aufs Tor draufzuhalten, denn durch die eierige Bahn und das eine oder andere Steinchen unterwegs flutschten dem Torhüter immer zwei oder drei durch die Hände. Jetzt mussten wir nur noch die Zähne zusammenbeißen und standhaft einige Tritte gegen unsere Waden ertragen. Mit zwölf wurde es ja auch Zeit, seinen Mann zu stehen.

Wir gewannen zwei zu drei, es war ein Freudenfest. Vor allem, weil sie sich so gedemütigt fühlten, dass sie um Revanche in der kommenden Woche baten. Wir machten einen auf total beschäftigt und vereinbarten, in einem Monat mal darüber zu sprechen, weil erst noch andere Spiele anstanden, gegen die vom Club Argentino und gegen die vom Bolzplatz am Tienda-Presente-Laden und dem an der Segunda Rivadavia und all die anderen wichtigen Duelle, die wir nicht absagen konnten.

Danach hörten wir, dass zwei Väter bei dem Eigentümer des düsteren Hauses vorstellig geworden waren, um dem so verehrenswürdigen wie unwilligen alten Mann den Ball wieder zu entlocken. Trotzdem gerieten wir nicht in Panik. Schließlich würde die Revanche in unserem Viertel stattfinden. Weil wir die Heimmannschaft waren, durften wir den Spielort bestimmen, und das war bei uns die Straße. Und auf der Straße konnte man nicht mit Stollen spielen. Außerdem konnte man bei Pfosten aus Steinbrocken herrlich über alle Schüsse streiten, die aufs Tor kamen, vor allem wenn man Miguelito in der Mannschaft hatte. Und schließlich würde der Tango nicht zum Einsatz kommen, denn auf der Straße war die Gefahr zu groß, dass er in den Rinnsteinpfützen nass wurde, dass die Plastikhülle abging oder dass womöglich ein Bus ihn plattfuhr. Niemand geht ein solches Risiko ein, nicht einmal ein reiches Pummelchen mit einem Vater, der bei Aerolineas arbeitet. Ein Tango ist toll, ein Tango macht was her, aber ein Tango ist auch sauteuer.

DIE HYPOTHETISCHE WIEDERAUFERSTEHUNG
VON BALTASAR QUIÑONES

I

Als die Diskussion hitziger wurde und barsche Töne
wie Ziegelsteine die weißen Scheiben der Siesta zer-
brachen, hörte ich auf zu schreiben und hob den Blick.
Um diese Uhrzeit und bei dieser Hitze waren vielleicht
zehn Leute aus dem Viertel in der Kneipe. Um den
Billardtisch standen vier junge Männer und schrien
sich mit großem Gehabe und Gefuchtel gegenseitig an.
Als ich sie erkannte, atmete ich beruhigt auf: Es waren
gute Jungs, die noch bei ihren Eltern wohnten, gleich
bei mir um die Ecke.

»Erzähl nicht so einen Quatsch, Miguel, ich bitte
dich.« Der, der sprach, hatte die Arme gen Himmel erhoben, als bäte er Gott, er möge Erbarmen haben mit
diesem Schwachkopf, der da vor ihm stand.

»Das ist kein Quatsch, lass dir das gesagt sein!« Der
Angesprochene hatte die Hände über dem Billardtisch
ausgestreckt, als sprudele aus ihnen die Wahrheit.

»Du glaubst auch jeden Scheiß, den du im Fernsehen siehst, Miguel. Wie naiv bist du eigentlich?«

»Papperlapapp, Fernsehen, Antonio! Was hat das
denn damit zu tun? Rein gar nichts. Hab ich etwa nicht

kistenweise Material über Baltasar Quiñones? Du weißt doch ganz genau, dass ich seit meiner Kindheit alles über ihn sammle, alle Artikel, alle Porträts, jede noch so unbedeutende Spur.«

»Sag ich ja, Mann. Du hast dich dermaßen in deine Theorie über Baltasar verrannt, dass nur irgendein Vollidiot im Fernsehen Blödsinn daherzuquatschen braucht, und schon glaubst du, dass dich endlich einer versteht.«

Ich hatte mich wieder dem Schreiben zugewandt. Nach meiner Arbeit im Liegenschaftsamt setze ich mich immer in diese Kneipe und schreibe meine »nutzlosen Notizen«, wie ich das nenne, bis die drückende Hitze sich legt und ich nach Hause gehen kann, um auf der Veranda einen Kaffee zu trinken und mit meiner Frau Magdalena über dies und das zu plaudern. Aber als der Name Baltasar Quiñones fiel, begann ich genauer hinzuhören.

Der, der Miguel hieß, hatte sich mit den Armen auf den Rand des Billardtischs gestützt und atmete schnaubend ein und aus, als müsse er sich beruhigen. Er war jung, vielleicht zwanzig, dunkler Teint, klein. Der andere, Antonio, war etwas größer, hatte kastanienbraunes Haar und eine Hakennase. Sie war ungewöhnlich für unsere Gegend, wo eigentlich alle flache und breite Nasen hatten, ein Erbe unserer indianischen Vorfahren.

Miguel nahm die Diskussion sofort wieder auf. »Ich habe meine Artikel alle dabei! Ich werde dir zeigen, was ich meine – dann siehst du hoffentlich endlich ein, dass ich Recht habe, und hörst auf, den Besserwisser zu spielen.«

»Nein, bitte nicht, nicht die Artikel! Erbarmen!«, protestierten Antonio und die anderen beiden im Terzett. Um ihren Freund zu veräppeln, knieten sie nieder und reckten ihm die Hände entgegen, als wolle der sie gleich foltern oder so was in der Art.

»Alles, nur nicht die Artikel, wir flehen dich an!« Offensichtlich griff Miguel gern auf sein Archiv zurück.

»Ihr seid vielleicht ein paar Blödmänner, wisst ihr das?« Miguel räusperte sich mehrmals, um den Hals freizubekommen und seiner Stimme einen feierlichen Ton zu verleihen. »Ich werde euch schlüssig beweisen, dass stimmt, was ich sage: Baltasar Quiñones lebt, erfreut sich guter Gesundheit und lacht sich ins Fäustchen über all die Schwachköpfe (wie die hier Anwesenden), die nach wie vor glauben, dass er vor zwanzig Jahren gestorben ist.«

Wenn es noch einer Bemerkung bedurft hätte, um mein Notizbuch endgültig beiseitezulegen, dann dieser. Ich bestellte noch einen Kaffee und ließ meiner Neugier freien Lauf. In den letzten Jahren hatte ich im Radio oder im Fernsehen immer wieder irgendwelche Scharlatane diese alte Leier daherbeten hören. Jedes Mal hatte ich genau hingehört, egal welcher Quatschkopf da zugange war. Aber alle hatten sie immer wieder die gleichen abgegriffenen Argumente angeführt und mich eher zum Gähnen gebracht als vom Hocker gerissen. Doch das, was sich gerade anbahnte, hatte ich noch nie erlebt. Dem jungen Burschen schien es ernst zu sein. Er hatte sich die Mühe gemacht, alles erdenkliche Material über Baltasar Quiñones zusammenzutragen. Das Zuhören schien sich also zu lohnen.

II

Unser Land ist klein. Und bettelarm. Wir lieben Fußball, sind krankhaft süchtig danach, können nicht genug davon kriegen. Ein kleines, armes und fast unbekanntes Land, wäre da nicht Baltasar Quiñones, der beste Fußballspieler aller Zeiten. Zumindest denkt man das hier bei uns.

Baltasar wurde 1950 in einem kleinen Dorf in den Bergen geboren. Sein Debüt in der ersten Liga feierte er mit fünfzehn. Dank seiner Tore wurde sein Club fünfmal hintereinander Meister. 1970 verkaufte er ihn für eine Summe, die in etwa der Hälfte unseres damaligen Bruttoinlandsprodukts gleichkam, nach Europa. Dort spielte er zehn Jahre mit großem Erfolg. Außerdem sorgte er dafür, dass sich mein Land für eine Weltmeisterschaft klassifizierte. Ein Wunder, bedenkt man, wie kärglich unsere Mittel sind, wie begrenzt unsere Fähigkeiten. Leider konnte er aufgrund einer Verletzung, die ihn zu sechs Monaten Pause zwang, am Ende nicht mitspielen. In seinen europäischen Jahren vergeudete Baltasar keine Zeit. Er begriff, dass ihm das Leben eine einzigartige Chance beschert hatte, und bildete sich mit der gleichen Hingabe weiter, mit der er jedes Training absolvierte. Er suchte sich einen französischen Lehrer, der aus Gründen der Zeitökonomie die Naturwissenschaften und Mathematik beiseiteließ und sich auf die Geisteswissenschaften konzentrierte. Die Mühe lohnte sich. Noch keine fünfundzwanzig, hätte Baltasar problemlos das Abitur ablegen können, und mit seinen guten Manieren und seinem reichen Wortschatz wäre er als junger Mann aus der oberen Mittelschicht durchgegangen, der in einer der konfessionellen Schulen hier in der Hauptstadt erzogen worden war.

Er heiratete ohne viel Bohei eine junge Frau aus seinem Dorf, bekam mit ihr drei Kinder, ein Mädchen und zwei Buben. Mit einunddreißig kehrte er aus Europa zurück, weil er spürte, dass seine Knochen und Muskeln allmählich müde wurden. Während des Jahrzehnts, das er in fernen Gefilden verbrachte, stieg die Bewunderung der Leute für ihn ins Unermessliche. Der Tag seiner Heimkehr wurde zum Nationalfeiertag erklärt und der Platz der Republik mit Blumen ausgelegt. Eine Rede nach der anderen wurde gehalten, auf den Straßen kam es zu Massenaufläufen, und der Staatspräsident empfing ihn mit Ehren, die außer ihm nur seiner Heiligkeit, dem Papst, bei seinem historischen Besuch zuteilgeworden waren. Als Baltasars Familie entführt wurde, fieberte das ganze Land mit ihm mit, neun Tage lang. Im Fernsehen wurden Regierungserklärungen zu den Entwicklungen in diesem Fall abgegeben. Die Zeitungen veröffentlichten riesige Fotos von seiner Frau und seinen Kindern, setzten astronomische Belohnungen aus für sachdienliche Hinweise. Der Staatspräsident forderte für ihre Rettung eine US-Spezialeinheit an, die in gewaltigen Helikoptern einflog.

Ich weiß, dass Baltasar in diesen neun Tagen auf einem Stuhl gesessen, die weiße Wand angestarrt und Rosenkränze gebetet hat. Schuldgefühle zerfraßen ihn. Er war nicht nur der berühmteste Mensch meines Landes, er war auch der wohlhabendste. Wie hatte er nur so naiv sein können, die Gefahr nicht zu erkennen? Wie hatte er nur so dumm sein können, in die Heimat zurückzukehren, in unser armes, geplagtes Land, ohne sich seines märchenhaften Reichtums bewusst zu sein? Neun Tage lang rührte er keinen Bissen an. Er trank kaum das Wasser, das man ihm ab und an reichte, und döste auf seinem Stuhl vor der weißen Wand höchstens mal kurz vor sich hin.

Die frohe Botschaft ihrer Befreiung erreichte ihn am neunten Tag um zehn Uhr morgens. Seine Erleichterung war so groß, dass er sich wie neugeboren fühlte.

Doch damit hatte die öffentliche Geschichte von Baltasar Quiñones ihren Höhepunkt noch nicht erreicht. Die Qualifikation für die Weltmeisterschaft 1982 stand an, und eine Volksabstimmung wurde abgehalten, um ihn zur Rückkehr zu bewegen. Die Gegner dieses Plans brachten es nicht einmal auf ein Prozent. Baltasar hatte geschworen, dass er nie wieder bei einem Club in seiner Heimat spielen würde, weil er die Anhänger der anderen Vereine nicht beleidigen wollte. Aber da es um die Nationalmannschaft ging und die Volksabstimmung so überwältigend ausgefallen war, sah er sich schließlich zum Einlenken gezwungen. In allen

Partien spielte er eine entscheidende Rolle. Unsere Nationalmannschaft gewann zwei Spiele durch Elfmeter, die an ihm verursacht wurden. Und zwei weitere Partien durch Tore, die er selber schoss.

Und dann die Katastrophe. Von der Regierung bezeichnet als »das größte Unglück, das unser Vaterland seit seiner Unabhängigkeit ereilt hat«. Der Flugzeugabsturz über den Anden auf dem Rückflug von der Partie gegen Costa Rica. Die ganze Mannschaft und der Trainerstab. Nationale Trauer um alle Jungs, natürlich. Aber unverhohlener, herzzerreißender Schmerz und ewige Leere wegen Baltasar. Mit einunddreißig Jahren, einem Monat und zehn Tagen. Unverzeihliche Laune des Schicksals. Danach die Trauerwoche, das Mausoleum, die Beerdigung mit dem gleichen Pomp wie bei unserem letzten Diktator. Der neue Feiertag am 10. Mai, seinem Geburtstag. Die nach ihm benannten Straßen und Krankenhäuser. Der postume Orden an seine Familie. Seine junge Witwe und seine drei Kinder in allen Magazinen, die Gesichter der berühmten Waisen, die Nation tief bewegt.

Unser Volk ist gefühlsbetont und gläubig. Es war alles angerichtet: der Held mit den vielen Tugenden; seine herausragende Rolle in den nationalen Fußballschlachten; sein tragischer Tod in der Blüte seines Lebens und in Erfüllung seiner Pflicht. Es genügte, dass zwei alte Frauen erklärten, Baltasar habe sie vom Himmel aus von schweren Krankheiten geheilt, und schon wurde der Ort des Flugzeugunglücks zur Pilgerstätte, schon wurde das Land mit Bildchen überschwemmt, schon tauchten wie aus dem Nichts Kerzen mit seinem Namen in gotischen Goldlettern auf, eroberte sein Porträt die Zimmerwände der Leute und die Scheiben der Busse, Lastwagen und Autos. Mehrere mittelmäßige Schriftsteller füllten sich die Taschen mit Biografien über ihn; und die Regierung gab eine epische Verfilmung über sein Leben und die Tragödie seines Todes in Auftrag, die mit großem Tamtam am Jahrestag unserer Unabhängigkeit Premiere feierte.

Die Menschen bei uns finden sich in den Niederungen des Alltags nur schlecht zurecht. Daher schossen bald Theorien ins Kraut, die die Wirklichkeit, wenn schon nicht abschafften, so doch wenigstens erhöhten. Es hieß, das Flugzeug sei Opfer eines von der Regierung inszenierten Attentats geworden, weil unser amtierender Regierungschef fürchtete, Baltasar könnte auf Druck des Volks zum Präsidenten auf Lebenszeit ernannt werden. Eine Variante dieser Theorie besagte, der eigentliche Drahtzieher sei die CIA gewesen, weil sich unsere Qualifikationsgegner die Unterstützung der USA gesichert hätten, um sich für die Weltmeisterschaft zu klassifizieren, und Baltasar ein unüberwindliches Hindernis dargestellt habe. Als der offizielle Untersuchungsbericht vorlag, in dem erklärt wurde, dass ein technischer Mangel die Ursache des Absturzes gewesen sei (ein durchaus glaubwürdiger Grund angesichts unserer veralteten Flugzeuge), hielten einige immer noch an ihren Verschwörungstheorien fest; aber allmählich beruhigten sich die Gemüter.

Andere wiederum wagten sich mit der Behauptung

vor, der legendäre Baltasar Quiñones sei gar nicht gestorben. Grundlage für diese These war die Tatsache, dass aufgrund des massiven Aufpralls nur wenige Leichen identifiziert werden konnten und unser Star nicht darunter war. Auf diese These stützten sich auch die Scharlatane, die ich weiter oben erwähnt habe. Abgesehen von nebensächlichen Details stimmten alle darin überein, dass Baltasar den Unfall auf irgendeine wundersame Art und Weise, gegen alle Gesetze der Natur, überlebt hatte. Die hitzige Diskussion hier in der Kneipe hatte offensichtlich mit einem öffentlichen Auftritt eines dieser Kirmesaufschneider zu tun, die versicherten, sie hätten Baltasar Quiñones in der Ensenadawüste das Evangelium predigen hören. Das war am Mittwochabend gewesen. Es war nur normal, dass diese Frage an einem Freitag zur Siestazeit noch ferne Echos erzeugte. Wie immer würde sich die Sache mit den neuen Nachrichten am Montag in Luft auflösen.

III

Der junge Mann namens Miguel stellte seine Schachtel auf den Billardtisch und scherte sich nicht um den lahmen Protest, mit dem ihn der Wirt von der Theke aus daran hindern wollte. Er holte zwei große Ablagemappen heraus, die vor Zeitungs- und Zeitschriftenschnipseln überquollen. Vorsichtig, fast zärtlich legte er sie auf das grüne Tuch. Seine Andächtigkeit war rührend. Alle Menschen in meinem Land sind, wie gesagt, fanatische Anhänger von Baltasar Quiñones, aber dieser Junge war zwanzig und folglich zum Zeitpunkt des Unfalls gerade erst geboren worden. Seine Bewunderung setzte sich zusammen aus dem, was er von Älteren aufgeschnappt hatte, aus den wenigen Dokumentationen, in denen man die Tore des Stars bewundern konnte, aus diesen gelblichen Zeitungsschnipseln, die er mit inbrünstiger Hingabe gesammelt und sortiert hatte. Es ist kaum zu glauben, dass ein Mensch, noch dazu ein einfacher Fußballspieler, so tiefe Gefühle hervorrufen kann. Aber so ist mein Volk nun mal.

»So, ihr lieben Ignoranten, dann werde ich euch mal erklären, warum Baltasar Quiñones vielleicht noch lebt, aber in den letzten zwanzig Jahren das Licht der Öffentlichkeit gescheut hat.«

Er machte eine Pause und sah einen nach dem anderen an. Seine Freunde ließen das Spotten vorübergehend sein und hörten aufmerksam zu. Ich war angenehm überrascht, wie wortgewandt er war, wie nuanciert seine Stimmführung, wie vielfältig sein Vokabular. Vielleicht wird jemand, der diese Seiten einst liest, an seiner Sprechweise nichts Besonderes finden. Aber ich, der ich unendliche Anstrengungen unternehmen musste, um mir eine halbwegs akzeptable Bildung anzueignen, schätze ein erlesenes Vokabular sehr, vor allem in so armen Regionen wie der unseren.

»Ich sage ›vielleicht‹, denn ich habe keinerlei Beweis dafür, dass Baltasar Quiñones, jetzt in dieser Stunde, noch am Leben ist. Eines jedoch weiß ich sicher: dass er nicht bei diesem Flugzeugunglück starb.« Er hob die Arme, um die ersten Unmutsbekundungen seiner spärlichen Zuhörerschaft zu beschwichtigen. »Spitzt schön die Ohren: Es ist nicht nur so, dass er nicht starb, nein, dieser Unfall bot ihm auch die Chance, endlich das Leben zu führen, von dem er schon immer geträumt hatte.«

Wieder hielt er inne, damit seine Worte in die Köpfe sacken konnten, die seinem Auf und Ab vor dem Billardtisch folgten.

»Ihr müsst etwas Wesentliches bedenken: Es war für Baltasar nicht leicht, in unserem Land zu leben. Wir waren damals noch klein, aber stell dir mal vor, wie das war, Antonio: wenn er mit Freunden ausging, wenn er Konzerte besuchte, wenn er in Restaurants aß, wenn er mit den Kindern einen Spaziergang im Park machte. Immer war er von einem Schwarm Menschen umringt.«

»Wahrscheinlich lebte er zurückgezogen in einer Villa von der Größe eines Fußballstadions, Miguelito«, sagte Antonio.

»Falsch, mein Freund, falsch. Baltasar« – hier schlug Miguel eine der Mappen an einer markierten Stelle auf und hob mit der rechten Hand einen Zeitungsausschnitt in die Höhe – »fühlte sich nicht wohl an exklusiven Orten, und schon gar nicht gern verkehrte er mit den Schönen und Reichen.«

»Das sagst du nur, damit dein Held wie Robin Hood erscheint. Du bist vielleicht naiv.«

»Du liegst schon wieder falsch, Antonio. Roberto,

mein älterer Cousin, ist vergangenen Januar nach Europa gefahren, erinnerst du dich? Jedenfalls habe ich ihn beauftragt, sich mal das Haus anzuschauen, in dem Baltasar seinerzeit in Mailand gewohnt hat. Und was meint ihr, was er vorgefunden hat? Eine einfache Wohnung in einem einfachen Viertel. Und du wirst doch wohl nicht abstreiten, dass er damals schon der reichste Mensch des Landes war, oder?«

»Wahrscheinlich war er ein Geizhals.« Die anderen drei lachten.

»Wartet's nur ab.« Miguel ließ sich nicht beirren. »Der Mann kehrt in seine Heimat zurück, aber der Ruhm steht zwischen ihm und dem Leben, das er führen möchte. Gesagt hat er es schon tausend Mal: ›Fußball ist nicht alles, Fußball ist ein schöner Beruf, der mir das Leben versüßt hat.‹ Na, fällt der Groschen? Baltasar will in Ruhe leben, und zwar in seiner Heimat. Er will kein Dasein als Luxusflüchtling in irgendeinem Reichenviertel oder in Europa oder womöglich in den USA.«

Die anderen waren wieder verstummt.

»Versteht ihr? Der Mann ist eine lebende Legende, aber er findet keinen Baum, der ihn vor der Sonne der öffentlichen Liebe schützt. Was wünscht er sich? Ziehen wir einen Zeitungsausschnitt zu Rate. Also: *La Hora* aus Santa Catalina, Februar 1981, vier Monate vor seinem Verschwinden. Das kommt dir vielleicht fanatisch vor, José, aber ich hatte mal die Gelegenheit, mit dem Journalisten zu sprechen, der diesen Artikel verfasst hat, ein Mann Mitte fünfzig mit dem Gesicht einer traurigen Fledermaus. Als ich ihn nach dieser Zeitungsnotiz fragte, begannen seine Augen jedoch zu leuchten. Er sagte, Baltasar Quiñones sei ein Gentleman gewesen, wie es sie heute nicht mehr gebe. Die Zeitung, für die er schreibe, sei ein unbedeutendes Provinzblatt, aber Baltasar hatte niemanden, der eine Reportage über ihn schreiben wollte, jemals hochnäsig behandelt. Er habe ihn damals zu sich nach Hause eingeladen, als seine Frau und seine Kinder gerade ihr Mittagsschläfchen hielten. ›Nehmen Sie's mir nicht krumm, aber ich will den Kindern und Maria nicht noch mehr gemeinsame Stunden stehlen.‹ Natürlich, habe er geantwortet, das wäre ja noch schöner. In den folgenden zwei Stunden widmete Baltasar ihm seine volle Aufmerksamkeit, als wäre die Welt untergegangen und sie die letzten Überlebenden. Er vermied Allgemeinplätze, dachte nach jeder Frage nach, bot dem Journalisten Limonade und Kekse an und stellte ihn zum Abschied noch seiner Familie vor.«

Als Miguel wieder eine Pause machte, ließ ich den Blick über seine drei Schüler wider Willen streifen. In ihren Augen war kein Anzeichen mehr von Spott zu erkennen.

»Schaut euch bitte mal diesen kleinen Kasten an.« Er zeigte auf einen kurzen Absatz am Fuß der Seite, der dick orange markiert war und dessen Überschrift »Der Traum des Helden« lautete. »Der Journalist fragte den Star, was er nach seinem Karriereende zu tun gedenke. ›Ich will in Ruhe leben‹, antwortete Baltasar, ›in einem Dorf, wo meine Kinder gesund aufwachsen

können, wo ich einer einfachen, stillen Arbeit nach-
gehe. Das ist alles, glaube ich.‹ Kapiert ihr, was ich
meine? Ein Mensch, dem der Ruhm zuwider ist, der
sich eine friedliche Zukunft wünscht. Der Journalist
fragt ihn, wie er das erreichen will. Und Baltasar ant-
wortet natürlich, dass er nicht die geringste Ahnung
habe. Trotzdem hofft er, dass sich der Fanatismus der
Leute mit den Jahren legt. ›In diesem Land gab es ja
auch noch andere gute Spieler, und deren Ruhm ist
mit der Zeit ein wenig verblasst, meinen Sie nicht?‹
Woraufhin der Journalist sich die Bemerkung erlaubt,
er wolle nicht den Ruhm vergangener Tage schmälern,
aber es gebe niemanden, der mit Baltasar Quiñones
vergleichbar wäre. ›Wie dem auch sei‹, hat Baltasar
geantwortet, ›die Frage wird sich ja erst in ein, zwei
Jahren stellen.‹«

Miguel steckte den Zeitungsausschnitt wieder zurück an seinen Platz. »Soll ich weitererzählen?« Die
anderen hingen jetzt an seinen Lippen. »Baltasar will
ein stilles, einfaches Leben führen. Er baut darauf, dass
ihn die Leute früher oder später in Ruhe lassen werden.
Er weiß, dass es nicht leicht sein wird. Aber eines Tages
wird er es schaffen. Da taucht das Problem mit dem
Geld auf. Baltasar Quiñones ist der reichste Mann des
Landes. Ich spreche nicht davon, dass er Angst hat,
seine Verwandten könnten ihn ausnehmen, überhaupt
nicht. Baltasar ist bei seiner Rückkehr ein gebildeter
Mensch. Er ist kein leichtes Opfer für Betrüger. Das
Problem liegt woanders. Die Entführung seiner Frau
und Kinder beweisen es. Ob er ein Vermögen bezahlt

hat oder nicht, ob unsere Polizei eine gute Figur abgegeben hat und sie befreit hat, ohne dass Geld floss: Es macht keinen Unterschied. Baltasar hat in den neun Tagen ihrer Gefangenschaft gelitten wie ein Hund. Er wirft sich vor, sie nicht genügend beschützt zu haben. Er wirft sich vor, dass nicht er selbst das Entführungsopfer war. Er wirft sich vor, Geld verdient zu haben. Er hasst sich, wie noch nie jemand ihn gehasst hat, wie nie jemand anders ihn je hassen wird. Solche Gedanken gehen ihm durch den Kopf, während er die weiße Wand anstarrt, vor der er sitzt und auf die Befreiung oder den Tod wartet.«

Wieder legte er eine Pause ein. Eine Minute lang waren nur seine Schritte auf dem Holzboden zu hören. Ich bemerkte, dass nicht nur ich die Szene aufmerksam verfolgte. Auch die vier oder fünf Stammgäste, die verstreut in der Kneipe saßen, lauschten versunken seiner Darlegung.

»Als seine Familie wieder da ist, packt er seine Frau und seine drei Kinder und zieht weg aus der Hauptstadt. Aber das ist keine Lösung. Sein kleines Dorf in den Bergen wird immer zu klein sein, zu klein jedenfalls für die Größe seines Ruhms. In die Stadt kehrt er nur zurück, wenn die Nationalmannschaft zusammenkommt, aber das ändert nichts an der Situation. Seht euch die Fotos aus dieser Zeit an. Zum ersten Mal ist Baltasar Quiñones ein trauriger Mensch. Seht ihr, hier, auf dem Foto, wie er nach dem Spiel in Guatemala aus dem Flugzeug steigt? Oder hier, auf dem, bei der Preisverleihung zum besten Sportler der Siebzigerjahre? Baltasar Quiñones ist ein Gefangener. Ein Gefangener seines Ruhmes und seines Geldes. Gefangener der Dankbarkeit von fünf Millionen Landsleuten, die alle Hoffnungen auf ihn setzen. Gefangener seiner schwächer werdenden Physis, von der noch niemand etwas ahnt, weil er sie mit seiner Genialität überspielen kann und weil sein aufrechter Charakter ihn antreibt, seinem Körper das Letzte abzuverlangen.«

»Warte mal kurz, Miguel.« Antonios Stimme klang längst nicht mehr spöttisch, sondern eher nachdenklich. »Erinnerst du dich an diesen Film, den wir jedes Jahr in der Schule gesehen haben? Ich meine den, in dem Baltasar kurz vor dem Flugzeugabsturz mit der Nationalmannschaft trainiert. Okay. Und erinnerst du dich auch noch, wie er von der Strafraumgrenze aus zehn Mal hintereinander an den Pfosten schießt? Und wie der Ball jedes Mal fast genau an die gleiche Stelle zurückspringt und er, ohne den Ball zu stoppen, immer wieder an den Pfosten schießt, als wäre es gar nichts? Von wegen schwächer werdende Physis! Mit zweiunddreißig war Baltasar Quiñones ein Spieler auf dem Höhepunkt seiner Fähigkeiten. Keines der jungen Fohlen, die nachgerückt sind, konnte ihm das Wasser reichen!«

Antonio war aufgestanden. Letztlich war er auch nicht anders als Miguel. Von seinem Charakter her neigte er vielleicht nicht zu dieser verrückten Spurensuche, auf die sein Freund sich begeben hatte, aber in seinen Augen lag die gleiche blinde und absolute Bewunderung. Ich stellte mir vor, wie sie in ihrer Schuluniform auf dem Boden der Aula saßen und es kaum abwarten konnten, dass endlich die Propaganda der staatlichen Wochenschau vorbei war und *Baltasar Quiñones, der Stolz des Vaterlandes* losging. Und den Gesichtern der anderen nach zu urteilen, bewahrten sie dieselben Bilder im selben Winkel ihrer Seele auf: Baltasar Quiñones, wie er mit dem Ball tanzt, wie er aufs Tor schießt, als hätte er eine ferngesteuerte Kanone im linken Bein, wie er Gegner umspielt, als wären sie Salzsäulen.

»Mag sein«, fuhr Miguel fort. »Aber du hast nicht in seinen Knien, seinen Fußknöcheln, seinen Lungen gesteckt. Baltasar war viel zu intelligent, als dass er all die Lobeshymnen glaubte.«

»Okay, Miguel.« Nun sprach Damián, der bis dahin geschwiegen hatte. »Nehmen wir an, dass Baltasar ein anderes Leben wollte. Okay. Aber … was hat das mit dem Unfall zu tun?«

»Darauf will ich ja hinaus, mein Lieber.« Miguel strahlte zufrieden übers ganze Gesicht. Er hatte es geschafft, dass die anderen mit ihm diskutierten und seine Argumente abwägten. Niemand bezweifelte mehr, ob das, was er vorbrachte, überhaupt glaubhaft war. »Vielleicht können wir uns auf Folgendes verständigen: Hätte Baltasar die Chance gehabt, seinem Ruhm zu entkommen und ein anonymes Leben zu führen, hätte er sie ergriffen, oder? Ich spreche nicht über das Wie, darauf komme ich noch. Ich sage: Hätte-er-die-Chance-gehabt«, wiederholte er mit Betonung auf jedem Wort. »Seid ihr da mit mir einig?«

»Okay, okay.« Antonio stand jetzt die Neugier ins Gesicht geschrieben.

»Wenn dem also so ist, wäre dann ein vermeintlicher Tod nicht die Gelegenheit schlechthin?«

»Hast du vergessen, was das für ein Unfall war? Wie verstümmelt die Leichen? Wie hoch die Aufprallgeschwindigkeit? Jetzt bist du auch nicht besser als dieser Kerl neulich im Fernsehen.«

»Nein, mein Lieber, da bist du zu voreilig. Ich sage nicht, dass Baltasar nicht in diesem Flugzeug umgekommen ist.« Miguel fischte einen Zeitungsausschnitt aus seiner Hemdtasche heraus, als wäre er zu kostbar, um ihn in den Ordner zu legen. Er hob ihn in die Höhe: »Ich behaupte, dass Baltasar dieses Flugzeug nie bestiegen hat.«

IV

In der Bar war es nun still wie in der Kirche. Nur das Tropfen eines Wasserhahns war zu hören. Miguel zeigte das Foto herum. Baltasar Quiñones im Sportanzug und mit einer riesigen Tasche in der rechten Hand schlendert eine schattige Allee entlang und grüßt lächelnd in die Kamera.

»Passt auf«, nahm Miguel den Faden wieder auf. »22. Juni 1981. Das letzte Foto von Baltasar, geschossen in Costa Rica auf dem Weg vom Hotel zum Flughafen, um in die Maschine zu steigen, die dann in den Anden zerschellt ist.«

»Das Foto kennen wir doch«, sagte Damián ostentativ gelangweilt, um Miguel zu ärgern. Mich wiederum erstaunte, dass alle sich an das Foto erinnerten. Ich hatte es überhaupt nicht mehr vor Augen.

»Schau genau hin, Damián«, sagte Miguel und deutete auf einen verschwommenen Fleck im Hintergrund. »Was ist das?«

»Ein Kirchturm, Frau Lehrerin!« Die anderen machten jetzt einen auf fleißige Schüler.

»Sehr gut, Kinder. Und auf diesem Kirchturm ist eine Uhr, die, wenn ihr sie schon lesen könnt, Viertel nach zwölf anzeigt. Merkt euch dieses Detail.« Miguel drehte den Zeitungsausschnitt um und las die Bildunterschrift vor: »›Letztes Foto des Stars. Baltasar Quiñones verlässt eilig das Hotel, in dem die Nationalmannschaft untergebracht war, um seine Mitspieler auf dem Flughafen von Canigasta einzuholen.‹« Und fügte hinzu: »Warum heißt es hier ›einholen‹? Weil Baltasar für ein Interview mit der BBC im Hotel geblieben war und ein Auto mieten musste, um die anderen einzuholen. Später hat man dieses Auto auf dem Flughafen gefunden. Konntet ihr mir bis hierhin folgen? Gut. Der Flughafen, von dem der zukünftige Sarg abgehoben hat, liegt also in Canigasta und das Hotel in Cerillo. Wisst ihr, wann das Flugzeug gestartet ist?«

»Zur unseligen Stunde von 13:05 Uhr.« Die anderen drei ahmten die offiziellen Verlautbarungen nach, mit denen in den Tagen nach der Katastrophe das Land überzogen worden war, festgehalten für alle Zeiten in unzähligen Filmen.

»Sehr gut, wie ich sehe, habt ihr brav gelernt. Und jetzt ratet mal: Wie lange braucht man mit dem Auto von Cerillo bis Canigasta? Damals gab es nur eine Straße, und die führte die Bergausläufer entlang, war nicht asphaltiert und außerdem einspurig. Ist nicht so schlimm, wenn ihr die Antwort nicht wisst. Als ich letzten Monat in Costa Rica war, bin ich die Strecke abgefahren, hin und zurück, und hab die Zeit gestoppt. Wenn man rast wie ein Verrückter und in jeder Kurve sein Leben riskiert, kann man es in einer Stunde und zwanzig Minuten schaffen, vielleicht auch in einer Stunde und fünfzehn.«

Die anderen waren wieder verstummt und machten ernste Gesichter.

»Damit wären wir bei 13:30 oder 13:35 Uhr.«

Miguel sah jeden einzeln an. Die anderen blickten verblüfft drein. Er gab ihnen einige Minuten, um diese Information zu verdauen, und legte unterdessen seine Unterlagen zurück in die Mappe und die Mappe in die Kiste.

»Wieso hast du uns das bisher verschwiegen, Mann?«, fragte der Vierte im Bunde (ich glaube, er hieß Mario).

»Weil ich meine Vermutung erst auf dieser Reise bestätigen konnte. Aber weil ich ein guter Freund bin«, fügte er stolz hinzu, »habe ich es euch schon mal erzählt, bevor ihr es von mir aus dem Fernsehen oder Radio erfahrt. Ist euch jetzt ein Licht aufgegangen? Was ist also passiert? Baltasar rast die kurvige Straße entlang. Er mag keine Extrawürste. Wenn er wollte, könnte er auf Kosten der Regierung einen Privatjet ordern, aber er fliegt lieber mit dem Rest des Teams. In einem Irrsinnstempo braust er über die Schotterpiste. Als er um die letzte Kurve biegt, an der sich das Tal von Canigasta öffnet, sieht er das Flugzeug mit seinen Kameraden über sich hinwegfliegen. Schlecht gelaunt macht er kehrt und fährt nach Cerillo zurück. Bevor er ankommt, hört er im Radio von der Tragödie. Entsetzt hält er an. Er steigt aus, um erst mal durchzuatmen und seine Gefühle zu ordnen. Bestimmt weint er um seine Freunde, die an Bord gewesen sind. Er weint um alle; aber könnt ihr euch vorstellen, wie groß seine Trauer um Benito Paredes, Juan Losada und Balín Zambrano gewesen sein muss? Ein Gedanke schießt ihm durch den Kopf: seine Familie. Seine Frau ist bestimmt am Boden zerstört, das Telefon klingelt ununterbrochen. Die armen Kinder, noch halten sie vermutlich ihren Mittagsschlaf. Er muss sofort anrufen und Bescheid geben, dass er noch lebt.

In diesem Augenblick trifft ihn der Gedanke wie ein Blitz. Inmitten des Schmerzes um seine toten Freunde dämmert am Horizont ein Licht. Er hat nicht nur überlebt. Gott hat ihm auch das Werkzeug an die Hand gegeben, um sich das Leben so zu gestalten, wie er es sich immer gewünscht hat. Verzweifelt fährt er so lange weiter, bis er ein Telefon findet. Erinnert euch, dieser Mann hat Grips und außerdem seine glorreichen Jahre dazu benutzt, bei den richtigen Lehrern in die Schule zu gehen. Am Steuer seines Mietwagens denkt er sein Verschwinden bis ins kleinste Detail durch. Als er an einer baufälligen Tankstelle endlich ein Telefon findet, ruft er seine Frau an, hofft inständig, dass sie selber rangeht. Er benötigt einige Minuten, um sie zu überzeugen, dass er es wirklich ist, zu aufgelöst ist sie in diesem Augenblick. Als sie sich etwas beruhigt hat, erläutert er ihr in groben Zügen, was er sich ausgedacht hat. Zuerst ist sie befremdet, dann verwirrt, am Ende begeistert. Sie hat diesen Traum mit ihm geteilt. Benommen noch von ihren gerade vergossenen Tränen, schreibt sie, um nicht alles durch einen dummen Fehler zu ruinieren, die vier oder fünf Anweisungen auf einen Zettel, die Baltasar ihr aus dem fernen Land diktiert. Nur die engsten Vertrauten dürfen davon wissen. Ihre Eltern, seine Mutter, seine beiden Geschwister. Die Kinder sind noch klein, sie können warten, bis er wieder bei ihnen ist.

Als Baltasar auflegt, hat er keine Zeit zu verlieren. Der Tankwart beäugt ihn. Aber das Genie macht sich keine Sorgen: Der Kerl ist betrunken und wird sich allenfalls vage an einen Mann im Sportanzug erinnern, der eine erstaunliche Ähnlichkeit mit diesem bekannten Fußballer hatte, diesem Quiñones, der gerade bei einem Flugzeugabsturz ums Leben gekommen ist. Er fährt zurück und stellt das Auto auf dem verwaisten Flughafen ab, gerade noch rechtzeitig, um dem Rudel an Reportern aus dem Weg zu gehen, die in den folgenden Tagen bis zum Überdruss den abgestellten Wagen fotografieren werden. Er mietet sich ein anderes Auto und fährt ohne Pause den ganzen Tag und die ganze Nacht. Im Morgengrauen überquert er die Grenze nach

Nicaragua. Dort herrscht noch Krieg zwischen Somoza und den Sandinisten. Für ein paar Dollar lassen sich gefälschte Dokumente leicht besorgen, und Baltasar hat mehr als genug Geld. Er verkriecht sich in eine schreckliche Absteige, verfolgt im Fernsehen seine pompöse Beerdigung. Er rasiert sich den Schädel und lässt sich Bart und Schnauzer wachsen. Drei Monate später fliegt ihn sein Bruder Nicolás in einem Sportflugzeug nach Hause.

Nicolás hat ihm in einem abgelegenen Dorf ein Häuschen gekauft, und dort lässt er sich nieder. In den ersten Tagen geht er kaum aus dem Haus. Er hat Angst, dass man ihn sofort erkennt. Aber mit der Zeit wagt er sich länger nach draußen. Er hat sein Äußeres vollkommen verändert. Vielleicht bleibt er kahlrasiert oder er trägt eine blonde Perücke. Vielleicht hat er zwölf Kilo zu- oder neun Kilo abgenommen. Ich weiß es nicht. Da kann ich nur spekulieren. Als er sich sicher fühlt, nimmt er eine Stelle als Lehrer an. Er fällt auf im Dorf, dieser seltsame Einzelgänger. Aber man braucht einen Lehrer, der Lesen und Schreiben unterrichten kann und mit dem mickrigen Lohn einverstanden ist. Als im folgenden Monat seine Familie eintrifft, beruhigen sich die Gemüter vollends. Der Fremde ist gar kein Einzelgänger. Jetzt ist er im Dorf angekommen, jetzt lebt seine Familie bei ihm. Er hat eine schöne Frau und drei hübsche Kinder. Vielleicht ist er einer dieser Universitätsdozenten, die bei unserem neuen Diktator in Ungnade gefallen sind. Sei's drum. Der neue Lehrer ist ehrlich und freundlich. Sonntags besucht er den

Gottesdienst. Er säuft nicht, verprügelt nicht seine Frau. In unseren Dörfern macht allein das ihn schon zum Kandidaten für die Heiligsprechung. Habe ich nicht Recht?

Das ist alles, meine Freunde. Seither lebt Baltasar Quiñones das Leben, von dem er immer geträumt hat. Geldsorgen braucht er sich nicht zu machen, denn seine Familie verwaltet sein Vermögen. Er ist klug genug, nicht mit Geld um sich zu werfen und damit seinen wahren Status zu verraten. Überhaupt hat Geld ihn nie interessiert. Seine Frau ist glücklich, dass sie ihn an den Wochenenden bei sich hat und sie samstagabends zusammen ins Kino gehen können, ohne dass jemand mehr zu ihrem Mann sagt als ein respektvolles ›Auf Wiedersehen, Herr Lehrer‹.

Gleichzeitig erlebt Baltasar seinen Aufstieg zum Helden der Nation. Womöglich geht er jeden Tag eine Straße entlang, die nach ihm benannt ist. Seinen Geburtstag kann er zu Hause feiern, denn seinetwegen wurde er zum Feiertag erhoben. Im Fernsehen schaut er sich die Reden an, die auf Geheiß der Regierung vor dem ihm gewidmeten Mausoleum gehalten werden. Er hat es geschafft, die Zeit kann seinem Andenken nichts anhaben. Seine letzte Tat für das Vaterland war das unvergessliche Tor am 20. Juni 1981 in Costa Rica. Nie wird er altern. Nie wird er sich aus dem Sport zurückziehen müssen. Nie wird sein Marktwert sinken. Nie wird er verlockende Trainerjobs ablehnen müssen. Nie wird er durch politische Abenteuer seinen guten Namen und die Zuneigung der Menschen aufs Spiel setzen müssen. Nie wird er von diesem gläsernen Sockel steigen, auf dem er über der Plaza de la República thront. Heilig, heroisch, unbestechlich, wundertätig. Unantastbar bis in alle Ewigkeit.«

Als Miguel zu Ende gesprochen hatte, war das magische Spinnennetz, in dem er seine Zuhörer gefangen hatte, geradezu greifbar. Da brach einer der Jungs den Zauber. »Eines verstehe ich nicht, Miguel.« Mario kratzte sich am Kopf. »Hältst du es wirklich für möglich, dass Baltasars Frau, kurz nachdem sie von seinem Tod erfahren hat, ans Telefon geht?«

»Ich weiß nicht, Mario, vielleicht hat auch jemand anders aus der Familie abgehoben ...« Miguel verdrehte die Hände, während er nach einem überzeugenderen Argument suchte. »Ein Bruder, ein Cousin, egal.«

»Das kann doch nicht sein, Miguel. Ein Schrei, ›Baltasar! Baltasar ist am Telefon!‹, und die Nachricht hätte sich wie ein Lauffeuer herumgesprochen. Wie hätte man das Geheimnis dann noch bewahren können?«, sagte Mario wie zu sich selbst. »Nein, Miguel, so kann es nicht gewesen sein.«

»Na ja, einige Details muss ich noch mal durchgehen ...«

»Hört mir zu, Jungs«, ergriff Antonio das Wort. »Ich habe da auch so meine Zweifel. Du sagst, Baltasar hat sich in ein abgelegenes Dorf zurückgezogen, stimmt's? Und dass die Bewohner ihn dankbar dulden, weil sie einen Lehrer brauchen, auch wenn er womöglich mit den Behörden Schwierigkeiten hat. Ist die Annahme, dass weder die Polizei noch die Armee ihm auf die Pelle rücken, nicht ein bisschen naiv? Ich meine, jemand, der aus dem Nichts auftaucht ...« Antonio ließ den Satz unvollendet im Raum stehen. Miguels Gesichtsausdruck wechselte von Euphorie zu Niedergeschlagenheit.

»Da ist noch was, Miguel, wenn du erlaubst.« Mario ging erneut zum Angriff über, aber seine Stimme war sanft, voller Zuneigung, als wollte er das Traumgebilde seines Freundes nicht allzu abrupt zum Einsturz bringen. »Wenn ich deine Ausführungen richtig verstanden habe (und das habe ich, da kannst du Gift drauf nehmen), basiert deine ganze Hypothese auf dieser Uhr, die anzeigt, wann genau Baltasar vom Hotel aufgebrochen ist, stimmt's?«

»Stimmt.« In Miguels Stimme schwang jetzt die Vorsicht dessen mit, der eine wütende Attacke erwartet.

»Wer garantiert dir, dass diese Uhr richtig ging?«

Der Junge breitete die Arme aus und nuschelte etwas, aber offensichtlich war er auf diese Einwände nicht vorbereitet.

»Mario hat Recht«, mischte sich Damián ein, der sich schon lange nicht mehr zu Wort gemeldet hatte. »Hier bei uns im Dorf gibt es drei öffentliche Uhren: an der Kirche, an der Schule und am Rathaus. Und keine geht richtig.«

»Tut uns leid.« Antonio suchte nach Worten, die seinen Freund nicht verletzen würden. »Aber wir wollen nicht, dass du dich im Fernsehen blamierst, verstehst du?«

Der Zauber, den Miguel eben noch verbreitet hatte, war verflogen. Die Zeit hatte ihren Lauf wieder aufgenommen. Der Wirt stellte einige Gläser ins Regal. Zwei Stammgäste rückten knarrend auf ihren Stühlen hin und her. Die vier Freunde hingegen saßen noch lange da, mit hängenden Köpfen, ihr Bier in der Hand. Schließlich stand Antonio auf, weil er diese Trauerstimmung satthatte.

»Wie wär's mit einem Spielchen, Jungs?«, sagte er und deutete auf den Billardtisch.

»Na sicher!« Damián und Mario klatschten in die Hände und standen ebenfalls auf.

»Wir sehen uns später, Jungs.« Bedrückt hatte Miguel die Kiste mit den Aktenmappen gepackt.

Seine Freunde fassten ihn beim Arm, tätschelten ihn liebevoll am Kopf, forderten ihn zu einer Partie Billard heraus, aber es war nichts zu machen. Miguel ging in Richtung Tür.

V

Einige Minuten später brach auch ich auf. Die Sonne stand nach wie vor hoch, deshalb nahm ich den Weg am Club Social vorbei, dessen baumgesäumte Pfade kahlen Köpfen wie meinem einen gewissen Schutz bieten.

Meine Überraschung war groß, als ich Miguel auf dem Gitter sitzen sah. An der Art, wie er mich anschaute, bemerkte ich, dass er mich als einen der Zeugen seiner Ausführungen erkannt hatte. Als ich näher kam, fiel mir auf, dass er feuchte Augen hatte, und ich empfand unendliches Mitgefühl mit ihm. Ein Teil von mir sagte, dass ich weitergehen, mich auf ein Lächeln und ein Kopfnicken beschränken sollte. Aber er sah so traurig drein, dass ich ihn nicht einfach ignorieren konnte. Ich lud ihn zu einem Spaziergang ein, um diese Traurigkeit zu vertreiben. Er willigte ein, und wir betraten das Gelände des Clubs. In einem Dorf ist das so üblich. Fußballplätze werden oft von riesigen Eichen umringt, die kühlen Schatten spenden. Ich hatte meine Hände auf dem Rücken verschränkt, er seine lustlos in den Hosentaschen stecken.

»Kein Grund, traurig zu sein«, sagte ich. »Du hast eine Glanzleistung abgeliefert.« Der Junge antwortete nicht. »Das mit der Uhr konntest du nicht wissen.«

»Stimmt, aber das hilft mir auch nichts.«

»Wieso? Du wusstest vorher schon viel, und jetzt weißt du eben mehr.« Auch das klang nicht sehr überzeugend. Noch immer ließ er den Kopf hängen, und jetzt hatte er auch wieder feuchte Augen.

Ich wandte den Blick ab und betrachtete meine Schuhe. »Du wärst beinahe ins Fernsehen gekommen und berühmt geworden. Schade, oder?«

»Ach was. Das Fernsehen ist mir egal. Wer hätte sich eine Woche später noch an mich erinnert? Darum geht's nicht, ehrlich nicht.«

»Worum dann?«

Der Junge fuchtelte mehrmals mit den Armen, als ränge er um Worte. »Sie haben wahrscheinlich bemerkt, dass ich Baltasar sehr bewundere, oder?«

»Sicher.«

»Na ja, wenn meine Geschichte wahr gewesen wäre ...«

»... dann würde Baltasar noch leben«, ergänzte ich.

»Genau.« Miguel lächelte. »Denken Sie nur, wenn das wahr wäre.«

»Eines verstehe ich nicht«, sagte ich. Der Junge sah mich an. »Wenn du Baltasar Quiñones so sehr bewunderst ...«

»Was dann?«

»Und Baltasar sich absichtlich versteckt ...«

»Ja?«

»Warum willst du ihn dann auffliegen lassen?«

Der Junge schwieg.

»Glaubst du nicht, dass ihm daran gelegen ist, alles so zu belassen, wie es ist? Dass er sein ›stilles‹ Leben weiterführen kann, wie du selbst es genannt hast?«

»Ich will ihn nicht stören, überhaupt nicht. Ich würde nur gern wissen, ob er noch lebt.«

»Du meinst also, du könntest ihn ›aus dem Schatten locken‹, um es mal so zu formulieren, indem du öffentlich machst, was du herausgefunden hast?«

»Wahrscheinlich ...«, sagte Miguel zögernd.

»Wie soll Baltasar zu seiner anonymen Existenz zurückkehren, wenn all seine Landsleute wissen, dass er noch lebt?«

Miguel antwortete nicht.

»Was, meinst du, würden diese Landsleute denken, die ihn zwanzig Jahre beweint und verehrt haben wie einen Helden? Glaubst du nicht, sie würden ihn mit derselben Inbrunst, mit der sie ihn vergöttert haben, in der Luft zerreißen?«

Wir spazierten rund hundert Meter schweigend unter den Bäumen. Dann mussten wir in die Sonne treten, um einen der beiden Profiplätze zu überqueren. In der Gluthitze um vier Uhr nachmittags hatten sich selbst die Fliegen verzogen. Schließlich ergriff Miguel das Wort: »Ich glaube, Sie haben Recht.« Er kniff die Augen zusammen. »Aber es fällt mir schwer, seinen Tod zu akzeptieren, wo ich doch so froh darüber war, dass er vielleicht noch lebt.«

Wir gingen schweigend weiter, durchquerten den Mittelkreis und näherten uns dem Strafraum. Ich bemerkte, dass dort fünf oder sechs Bälle in der Nachmittagssonne funkelten. Das ist es, was ich an kleinen Dörfern so liebe. Diese Bälle lagen garantiert schon seit Mittag dort, und sie würden bis um fünf Uhr liegen bleiben, ohne dass sie jemand klaute. Dann würde der Trainer sie für die Übungseinheit am frühen Abend einsammeln. Als Miguel sie sah, lief er los und schoss mit guter Technik einen Ball ins Netz. Ich wiederum tat, was ich immer tue: Ich wich nach rechts aus und wollte um den Strafraum herumgehen. Aber Miguel wollte offenbar den bitteren Beigeschmack loswerden und kickte mir einen Ball zu.

»Immer fest drauf, Señor.«

»Ist ein bisschen heiß, meinst du nicht?«

Der Junge lächelte und wandte sich Richtung Tor, um unseren Weg fortzusetzen. Als ich den Ball am Fuß hatte, war mein erster Impuls, ihn liegen zu lassen und weiterzugehen, aber in diesem Moment hatte ich plötzlich eine Vorahnung. Irgendetwas lag in der Luft an diesem Tag der unendlichen Zufälle. Also änderte ich meine Meinung.

Ich stand fast am Scheitelpunkt des Strafraums. Ich legte mir den Ball mit rechts vor, achtete darauf, dass ich nicht auf meinen Schuhsohlen ausrutschte, und schoss ihn links mit Schnitt. Er traf fast genau das rechte Lattenkreuz.

»Wow, was für ein Schuss!« Miguel war begeistert von meiner Zielgenauigkeit. »Noch mal!«, forderte er mich auf und trat zur Seite. Ich lächelte, trottete bis zum Teilkreis, wo mir der Ball von eben entgegenrollte. Diesmal schoss ich ihn mit rechts, meinem schwächeren Fuß, flach, direkt unten auf den linken Pfosten. »Sie sind ja ein richtiger Könner!«, rief Miguel.

Als der Ball erneut vor meinen Füßen lag, schoss ich wieder mit links, diesmal allerdings mit den kleinen Zehen. Der Ball bekam Effet und traf auf halber Höhe den rechten Pfosten.

Miguel starrte mich verblüfft an.

»Dann wollen wir mal ein paar Dinge klarstellen, Miguel«, sagte ich, während ich ein viertes Mal abzog, wieder mit dem Spann des linken Fußes, direkt auf den rechten Pfosten, und anschließend auf den zurückprallenden Ball wartete. Ich hob den Blick, um ihn anzusehen, aber er schaute nur abwechselnd auf meine Füße, den Ball und das Tor, je nach Schussphase.

»Erstens: Lehrer zu sein macht großen Spaß, aber es dauert nicht lang, da kennen dich alle. Besser, man arbeitet auf dem Liegenschaftsamt. Verstehst du, was ich meine?«

Der sechste Versuch geriet etwas zu hoch. Der Ball traf genau den Winkel, aber der Schuss war etwas schwach und kollerte nur langsam zurück. Du bist zu alt für diese Show, machte ich mich über mich selber lustig.

»Zweitens: Ich baue darauf, dass du dich für immer an unsere Unterhaltung erinnern wirst. Mit anderen Worten: Ich vertraue dir.«

Der achte Schuss war wie aus dem Lehrbuch: mit links, halbhoch und stark genug, um den Abpraller gleich zu verwerten. Als ich sah, wie er erstarrte vor Erstaunen, vor Schreck, vor Ungläubigkeit, wie sich auf seinem Gesicht ein Hoffnungsschimmer abzeichnete, musste ich laut lachen.

»Drittens: Die Sicherheitskräfte unseres Landes lassen ziemlich zu wünschen übrig, was die Überwachung von Fremden angeht, findest du nicht?«

Miguel konnte sich vor Verblüffung kaum mehr einkriegen.

»Viertens: Ein Telefonanruf war viel zu riskant. Ein Brief an sie war die bessere Lösung, unterschrieben mit einem Kosenamen, den nur sie kannte.«

Den zehnten Schuss legte ich mir mit rechts zurecht und hielt mit links voll drauf. Der Ball traf fast genau die Mitte der Latte. Als er mir wieder vor die Füße sprang, kickte ich ihn sanft ins weiß leuchtende Netz.

»Und fünftens: Du bist ein toller Detektiv, Miguel«, sagte ich lächelnd. »Die Uhr ging nämlich richtig.«

ENTSCHEIDUNGEN

Vormittag

»Wenn du willst, zähl noch mal nach. Aber eins garantier ich dir: Ich zieh's dir von deinem Lohn ab.«

Der Junge schnaubte. Dann stand er so abrupt auf, dass beinahe das Metallbänkchen umgefallen wäre, auf dem er gesessen hatte. »Vierundzwanzig.«

»Der von gestern Abend hat fünfundzwanzig aufgeschrieben. Kapiert? Wenn du die Kohle nicht in der Kasse hast, gibt's Ärger.«

»Ich habe keine Strümpfe verkauft. Und beklaut wurde ich auch nicht. Also muss der von gestern Abend mich reingelegt haben.«

»Weinen kannst du in der Kirche, Junge. Ah, noch was: Am Dienstag war ich um vier am Stand, und da war keiner. Wo zum Teufel hast du gesteckt?«

Der Junge zögerte. »Wahrscheinlich war ich auf dem Klo, was weiß ich.« Er hatte sich zurück auf das Bänkchen fallen lassen, ließ den Kopf hängen und die Hände zwischen den ausgestreckten Beinen baumeln.

»Mach dir das nächste Mal gefälligst in die Hosen, ich glaub, ich spinne! Wenn ich dich noch einmal erwische, fliegst du hochkant raus! Capito?«

Der dicke Typ rückte einige Uhren zurecht und

wandte sich zum Gehen. Dann machte er noch mal kehrt. Er bog zwei Preisschilder gerade, warf dem Jungen einen verächtlichen Blick zu, der immer noch nicht vom Boden aufsah. Schließlich stieg er in seinen Taunus und fuhr mit einem Höllenlärm davon.

»Warum hast du ihn nicht zum Teufel geschickt, Beto?«, fragte der Verkäufer vom Stand nebenan. Endlich hob der Junge den Blick. »Was soll ich denn machen? Da muss ich durch. Carlucho, der Mann meiner Mutter, hat's mir deutlich verklickert: ›Entweder du arbeitest und bringst ein bisschen Kohle nach Hause, oder du kriegst einen Tritt in den Hintern und brauchst dich nicht mehr blicken zu lassen.‹«

»Prima Kerl, der Mann deiner Mutter.«

»Was soll ich machen? Ist halt ein Freund von diesem Arschloch …«

»Jetzt mal im Ernst, fehlt dir wirklich ein Paar Strümpfe?«

»Glaubst du, ich mache Witze? Da steht bestimmt Pololo dahinter. Der hat mir heute Morgen fast das Ohr abgekaut, erinnerst du dich? Und bei der Abrechnung hat er mich abgezockt, der Wichser.«

»Ich hab's dir ja gesagt, Beto. Nimm dich vor Pololo in Acht, das ist ein hinterfotziger Kerl. Wenn du bei dem die kleinste Schwäche zeigst, fickt er dich. Hab ich's dir gesagt oder nicht?«

»Lass gut sein, Pablo. Ich weiß ja. Heute Abend werde ich ihm eine reinwürgen. Soll er ruhig den Schlaumeier spielen, ich krieg ihn schon dran, diesen Arsch. Wirst schon sehen.«

»Hör mal, Betito. Gestern war Mittwoch, da hatte ich frei. Du hast mir noch gar nicht erzählt, wie's am Dienstag gelaufen ist.«

»Was?«

»Wie, du Blödmann: Warst du nicht beim Club?«

»Ach so, das.«

»Was denn sonst, du Pflaume!«

»Was weiß ich. Gut. Na ja, nicht gut. Geht so.«

»Bist du so doof oder tust du nur so?«

»Nein, du Idiot. Ich bin halt nur zu spät weggekommen, und als ich endlich da war, hatte das Training schon angefangen.«

»Was bist du nur für ein ...! Wie kannst du bei so was zu spät kommen? Dir hat wohl jemand ins Hirn geschissen.«

»Was hätte ich denn machen sollen? Ich musste erst abwarten, bis der Gordo da war. Sonst kommt er immer um zwölf, aber ausgerechnet gestern ist er nicht gekommen. Du hast ja selber gehört, dass er mich später tatsächlich erwischt hat. Außerdem hatten die Züge Verspätung. Nichts zu machen. Als ich ankam, bin ich gleich zum Trainer hin, aber der hat mich überhaupt nicht beachtet.«

»Was? Er hat dich links liegen lassen?«

»Sag ich doch. Er hat die ganze Zeit aufs Spielfeld geglotzt und ab und zu was gebrüllt. Mich hat er nicht einmal angeguckt. Das sagt ja wohl alles.«

»Hast du's ihm nicht erklärt?«

»Natürlich hab ich das. Ich hab ihm gesagt, ich hätte noch bis eben arbeiten müssen.«

»Und was hat er gesagt?«

»Das hier wäre auch Arbeit.«

»Scheiße! Und du?«

»Nichts. Bin einfach geblieben. Was der für eine Visage hat, meine Fresse. Da kriegt man richtig Angst. Alle, die vorbeikamen, haben ihn mit Don angequatscht, Don hier, Don da. Erinnerst du dich noch an Bolita, den Typen, der im Turnier von Reifen Anzzione bei uns mitgespielt hat?«

»Der Sechser? Klar erinnere ich mich an den. Ein Kannibale, der Typ. Ein Killer. Weißt du noch, wie der ausgeteilt hat, als es mit denen von Texico zu Rangeleien kam?«

»Genau der. Und weißt du was? Dort war er das reinste Engelchen. Vor diesem Don haben sich alle fast in die Hosen gemacht. ›He, du Schlafmütze. Mach den Raum eng. Siehst du nicht, dass du da nicht durchkommst?‹ Der Bolita hat alles geschluckt. Hat nur genickt, okay, also hierhin, okay, also dahin, ein richtiger Arschkriecher.«

»Sieht so aus, als hätten sie eine Scheißangst vor dem Typen, oder?«

»Darauf kannst du einen lassen. Als ich das gesehen habe, hab ich lieber die Klappe gehalten. Was hätte ich ihm auch sagen sollen?«

»Was für ein Scheiß, Beto! Dann hast du also nicht mal fünf Minuten gespielt?«

»Nein. Aber er hat mich zu den Torhütern geschickt.«

»Wozu das denn?«

»Was weiß ich! Du stellst vielleicht Fragen. Ich hab

mich hingesetzt und mir das Spiel angeguckt. Wenn ich schon mal da bin, verstehst du? Nach 'ner Weile sagt der Typ zu mir: ›Wenn du hier schon deine Zeit verplemperst, kannst du auch ein paar Bälle aufs Tor schießen.‹«

»Und das hast du gemacht?«

»Klar. Wieso auch nicht? Ich hab also die Fußballschuhe angezogen und bin hin.«

»Und?«

»Eine ganze Stunde hab ich die Torhüter warmgeschossen.«

»Und wie ist es gelaufen?«

»Was weiß ich.«

»Wie, was weiß ich? Du wirst doch wohl einen reingemacht haben?«

»Klar. Am Anfang lief's nicht so rund. Irgend so ein Blödmann hat mir einen platten Ball gegeben. Ich habe erst mal nichts gesagt. Aber die Schüsse habe ich natürlich vergurkt.«

»Warum hast du nicht einen anderen Ball verlangt, du Idiot?«

»Jetzt reicht's mir aber, Pablo! Wieso bist du nicht selber hin? Ich hab mich eben nicht gleich getraut. Der Torwart hat mir immer wieder denselben Ball zugeworfen. Außerdem war ich ganz schön nervös. Kapierst du?«

»Und dann?«

»Neben mir hat so ein dünner Stecken ein Ding nach dem anderen reingehauen, und ich hab mich gefragt: Wie kommt's, dass diese Bohnenstange so einen Schuss

114

draufhat? Da hat es bei mir klick gemacht: der Ball. Die haben mir den Ball nie zugespielt, mit dem der Typ einen nach dem anderen versenkt hat.«

»Und was hast du dann gemacht?«

»Ich hab den Torwart gefragt, ob ich mal einen Elfmeter schießen darf.«

»Und?«

»›Klar‹, hat er gesagt, ›kein Thema.‹ Ich hab einen Riesenanlauf genommen und ihm das Ding lehrbuchmäßig in die Eier geknallt.«

»Wahnsinn, Beto! Und dann?«

»Dann bin ich zu ihm hin, als wäre nichts gewesen, und hab ihm zugeflüstert: ›Wenn du mich noch einmal verarschst, kriegst du ihn das nächste Mal direkt in die Fresse.‹«

»Wie hat er reagiert?«

»Gar nicht. Hat's einfach geschluckt. Und mir von da ab schön pralle Bälle zugeworfen.«

»Und dann?«

»Ab da lief's besser. Nicht glänzend, aber besser. Ich wollte halt spielen, verstehst du? Da schaffe ich es, zum Probetraining eingeladen zu werden, und dann komme ich zu spät!«

»Warum hast du hier nicht rechtzeitig die Fliege gemacht? Kannst du mir das mal verraten?«

»Weil dieser dicke Wichser von Cosme mir bei der ersten Gelegenheit den Arsch aufreißen wird, Pablo. Hab ich dir doch gesagt. Merkst du nicht, dass er es auf mich abgesehen hat?«

»Ach ja? Und wenn sie dich verpflichten? Wenn sie

dich noch mal einladen? Wenn du jeden Tag trainierst, kannst du sowieso nicht mehr hier am Stand arbeiten.«

»Nein. Aber es war ja nicht sicher. Und wenn's nicht klappt, was dann? Außerdem geht mir der Mann meiner Mutter tierisch auf den Sack. Ich will nicht, dass er es an meiner Mutter auslässt, verstehst du?«

»Schon gut, Beto, aber es ärgert mich halt. Bei deinem Talent ...«

»Machste jetzt einen auf Trainer, oder was? Nerv nicht, Pablo. Und pass mal für mich auf den Stand auf, ich hol mal eben süße Teilchen und Matetee.«

»Super, Betito! Geh ruhig, der Pololo hat mich nämlich angewiesen, dir noch zwei oder drei Paar Strümpfe zu mopsen.«

Mittag

»Du bist aber schweigsam, Beto! Was ist denn los?«

»Hör auf, Pablo, nerv nicht rum.«

»Okay, Alter. Mach mal Musik an, irgendwas. Apropos, Musik. Hast du schon gehört, dass Chiquito, der mit dem Kassettenstand auf der anderen Seite, Ärger mit der Polizei hatte? Die ganze Ware haben sie ihm abgeknöpft.«

»Sag bloß!«

»Ja, offenbar hat er sich nicht rechtzeitig mit ihnen arrangiert, also haben sie ihn hopsgenommen und alles mitgehen lassen. Und dann haben sie ihn auch noch mit aufs Revier geschleppt und ihn vierundzwanzig Stunden schmoren lassen.«

»Siehst du? Beschwer dich nicht über den dicken Cosme. Immerhin haben wir auf dieser Seite Ruhe vor den Bullen.«

»Mann, Beto! Ich hab die Schnauze voll von deiner Trauervisage. Mach endlich Musik. Komm schon.«

»Hör auf, ich muss nachdenken. Musik lenkt mich nur ab.«

»Scheiße noch mal. Jungs! Jungs! Hört mal alle her! Sprecht nicht so laut, unser kleiner Beto hier muss nachdenken, und wir lenken ihn nur ab! Du kannst mich mal am …«

»Schschsch! Im Ernst, Pablo, hör auf.«

»Bist du unter die Lehrer gegangen, oder warum denkst du so viel?«

»Nein, du Idiot. Ist nur so, dass ich dir einen Teil noch nicht erzählt hab.«

»Einen Teil von was?«

»Vom Probetraining neulich.«

»Was hast du mir noch nicht erzählt? Was ist passiert?«

»Na ja, der Typ hat gesagt, ich soll heute wiederkommen.«

»Was? Du sollst wiederkommen?«

»Ja, bist du taub?«

»Und was bist du? Bescheuert, oder was? Warum hast du mir das nicht gesagt?«

»Damit du mir nicht auf die Eier gehst, warum denn sonst? Jedenfalls, ich hatte schon die Schnauze voll, immer nur diesem Torwart die Bälle reinzuballern, da kommt der Typ und fragt mich, auf welcher Position ich spiele. ›Im Mittelfeld‹, hab ich gesagt, ›halbrechts.‹ Ob ich auch links spielen kann, wollte er wissen. ›So lala‹, hab ich gesagt. Ich hätte einen guten linken Schuss, hat er gesagt, also soll ich's mal probieren.«

»Und?«

»Nichts und. Wenn ich auch halblinks spielen könnte, mit diesem linken Fuß, dann könnte er mich vielleicht brauchen.«

»Das hat er gesagt? Ohne dich spielen zu sehen?«

»Bist du so blöd oder tust du nur so? Ich hab dir doch gesagt, dass er mich nicht eingewechselt hat!«

»Eben drum, du Hirni. Nur weil du ein paar Bälle aufs Tor geschossen hast, hat er dich noch mal eingeladen?«

»Ja, was weiß ich.«

»Dann hast du's geschafft, Betito. Das ist doch genau deine Stärke, Doppelpässe und Kurzpassspiel! Wenn diesem Don schon deine Weitschüsse gefallen, ist alles geritzt. Jungs! Jungs!«

»Halt die Klappe, du Idiot! Mach hier keinen Aufruhr. Ich geh nämlich nirgendwo hin.«

»Willst du mich verarschen?«

»Hast du nicht gehört, was ich dir heute Morgen gesagt hab?«

»Was?«

»Wie, was? Ich meine den Mann meiner Mutter und das alles. Und hast du nicht den Fettsack gehört? Der kommt bestimmt nachher noch vorbei. Und wenn ich nicht da bin, reißt er mir den Arsch auf. Hat er selber gesagt.«

»Und was juckt dich das?«

»Das juckt mich, weil ich die Kohle brauche, Pablo, kapierst du?«

»Aber wenn die vom Club dich nehmen, hast du ausgesorgt, Betito. Mag sein, dass du dieses Jahr und nächstes Jahr noch nichts verdienst. Aber danach kommst du groß raus.«

»Und was mache ich bis dahin?«

»Bis dahin sollen sie dich ein bisschen unterstützen, was weiß ich. Hat der Club kein Jugendinternat?«

»Weiß ich nicht, Pablo. Du stellst vielleicht Fragen.«

»Worauf wartest du denn noch? Dass dir der Gordo den Lohn erhöht? Der hat dich dermaßen auf dem Kieker, dass er dich früher oder später eh rauswirft. Das ist dir doch wohl klar?«

»Kann schon sein. Aber was soll ich denn machen?«

»Selber gehen, Mann! Hör mir zu: Wenn ich nur halb so gut spielen könnte wie du … Glaubst du, ich würde noch Wecker und T-Shirts verkaufen? Nicht mal besoffen, mein Lieber. Dann wäre ich weg, und tschüss.«

»Pablo, bist du so blöd oder tust du nur so? Was hab ich dir gerade über meine Mutter und diesen Typen erzählt?«

»Du kannst dich auf mich verlassen, Alter. Ein, zwei Monate kannst du bei mir wohnen, dann kriegst du von mir einen Tritt in den Arsch und suchst dir was.«

»Red keinen Scheiß, das hier ist Ernst.«

»Weiß ich doch, Alter. Eben drum. Du machst mich zu deinem Berater, und alles ist gebongt. Und in fünf Jahren schaufle ich richtig Kohle. Was lachst du jetzt, du Idiot? Im Ernst. Mit dir fang ich an, lern das Geschäft. Und dann kauf ich mir ein Handy, pfeif auf dich und starte durch.«

»Dann bin ich also nur dein Versuchskaninchen, du Arsch.« Zum ersten Mal lächelte er.

»Ja, Beto. Und wenn sie dich abzocken, lässt mich das kalt. Hauptsache, ich lern das Geschäft. Anschließend such ich mir eben richtige Spieler. Hör auf, Mensch, hau mich nicht! Nein, im Ernst. Du schmeißt mir noch den Stand um, du Idiot!«

»Dann quatsch hier nicht blöd rum. Ich mein's ernst, Pablo. Du setzt mir nur Flausen in den Kopf.«

»Lass uns das durchziehen, Beto! Im Ernst. Hab ich dir schon mal erzählt, was mir mein Großvater mal über den Zug gesagt hat? Willst du's hören?«

»Nein.«

»Ich erzähl's dir trotzdem, hat nämlich mit dem hier zu tun. Mein Opa hat also immer zu mir gesagt: ›Hör zu, Junge. Der Zug kommt immer nur einmal vorbei. Wenn du ihn nicht nimmst, hast du's verschissen.‹ Das hat er immer gesagt.«

»Was soll das mit dem Zug?«

»Bist du so blöd oder tust du nur so? Das sagt man halt so: Wenn man die Gelegenheit nicht nutzt, ist es aus und vorbei. Das ist, wie wenn's null zu null steht, und du kriegst einen Pass in den Strafraum. Du guckst den Torwart an. Und während du schießt, denkst du (merkst du, wie schnell man denkt, Betito, ist nur eine Sekunde, aber das alles geht einem durch den Kopf): Wenn ich ihn reinmache, war's das, dann haben wir gewonnen. Aber wenn ich ihn nicht reinmache, dann schießen sie uns die Bude voll. Und ich werde eine Woche lang kein Auge zutun vor lauter Ärger, dass ich dieses Ding nicht versenkt habe. Ist dir das noch nie passiert? Siehst du? Jedenfalls hat das mein Großvater immer gesagt.«

»Pablo.« Betos Stimme klang jetzt müde.

»Was?«

»Halt die Klappe, okay?«

»Du bist vielleicht ein Idiot, meine Fresse.«

Abend

»Was sagen Sie, Don Cosme?«

»Was ist los?«

»Was soll los sein?«

»Stell dich nicht blöder, als du bist. Der Dünne … Wo steckt er?«

»Ah … Beto! Der ist nicht da. Musste mal weg.«

»Wie?«

»Ja. Mit dem Zug.«

»Willst du mich verarschen, Kleiner?«

»Nein, Don Cosme, überhaupt nicht. Aber er hat gesagt, er müsste mal weg.«

»Ach ja? Wenn du ihn triffst, richte ihm aus, dass

er gefeuert ist. Und noch was. Sag ihm, er soll sich vor Carlucho in Acht nehmen, der wird ihn ordentlich vermöbeln.«

»Wird gemacht, Don Cosme. Ich soll Ihnen sagen, dass er damit gerechnet hat, Sie bräuchten sich keinen Kopf zu machen.«

»Jetzt macht er auch noch einen auf Witzbold!«

»Nein, Don Cosme. Er hat es ehrlich gemeint. Und Sie sollen ein Auge auf diesen Pololo haben, jetzt wo er nicht mehr da ist. Der ist nämlich ein Dieb, der jede Menge Ware mitgehen lässt.«

»Das hat mir gerade noch gefehlt: dass mir dieser Idiot auch noch Ratschläge erteilt.«

»Da haben Sie bestimmt Recht, Don Cosme. Aber ich soll Ihnen noch was sagen. Er hat es mir ausdrücklich aufgetragen.«

»Aber ... spinnst du oder was? Bist du jetzt sein persönlicher Sekretär?«

»Nein, Don Cosme. Sein Berater.«

»Sein was? Ich versteh gar nichts mehr. Was hat dieser Schwachkopf nun gesagt?«

»Er hat gesagt: ›Bestimmt kommt Don Cosme nachher noch vorbei.‹«

»Und?«

»›Wenn du ihn siehst, sag ihm, ich hätte den Zug genommen.‹«

»Das hast du mir schon gesagt. Und?«

»›Er soll ein Auge auf Pololo haben, der beklaut ihn nämlich.‹«

»Mann, Junge, das weiß ich doch schon alles! Und?«

»›Er soll Carlucho sagen, dass ich nicht mehr nach Hause komme.‹«

»Mensch, das hab ich doch alles schon gehört! Hat er sonst noch was gesagt?«

»Ja, eins noch.«

»Was? Was hat er gesagt?«

»›Sag Don Cosme, er soll sich ins Knie ficken.‹«

DANN GESCHAH DAS MERKWÜRDIGE

Der Einzige, der bemerkte, dass etwas Merkwürdiges vor sich ging, war Peluca. Als Vogelnarr fiel ihm auf, dass die Vögel plötzlich nicht mehr zwitscherten. Außer Vogelnarr ist Peluca auch noch Torwart, und das ist die einzige Position, auf der man Zeit zum Nachdenken hat, es sei denn, man kriegt einen nach dem anderen aufs Tor und weiß nicht mehr, wie einem geschieht. Vielleicht hat uns Peluca auch angeschmiert und sich im Nachhinein nur damit gebrüstet, als Einziger mysteriöse Zeichen wahrgenommen zu haben.

Ich weiß nicht, wieso ich diese Geschichte ausgerechnet mit Peluca angefangen habe. Wenn ich sie richtig erzählen will, muss ich eigentlich weit vor dem Nachmittag beginnen, an dem die Vögel verstummten. Mindestens zwei Wochen vorher, bei diesem Arschloch von Cañito Zalaberri. Ich glaube nicht, dass es auf der Welt einen größeren Schwachkopf gibt als ihn. Zunächst mal ist er ziemlich grob gestrickt. Dann hat er starre Äuglein wie eine Maus, vorstehende Zähne und einen Haufen Sommersprossen im Gesicht. Er ist schweigsamer als ein Wurm, außer wenn er einen beleidigt. Das kann er gut. Er beschimpft einen wegen jedem Scheiß. Seine Freunde und auch sonst alle. Er ist schlimmer als Hepatitis. Und auf dem Fußballplatz führt er sich auf wie der Chef. Niemand legt sich mit ihm an, weil er zwar ein Vollidiot ist, aber auch zwei Meter groß und ganz schön austeilen kann. Einmal hat er sich mit Pablito geprügelt und ihm dabei dermaßen die Visage poliert, dass der danach aussah, als wäre ein Panzer über ihn gerollt. Deshalb legt sich niemand mit dem Wichser von Cañito Zalaberri an. Weil alle Angst vor ihm haben. Und weil er das weiß, schert er sich um nichts einen Dreck und macht, was ihm passt.

Ich begreife bis heute nicht, wie Luli das mit dem Duell anzetteln konnte. Vermutlich ging es ihm einfach auf den Sack, dass der Typ so tat, als gehöre ihm der Fußballplatz. Luli hat gesagt, es reicht, und ist zu ihm hin. Dieser Luli hat vielleicht Ideen, manchmal möchte man ihn dafür umarmen, manchmal würde man ihn aber auch am liebsten killen, wie damals, als er uns zu einer neuen Art von Klingelparty überredet hat, die prompt schiefging, so dass wir am Ende von der ganzen Nachbarschaft aufs Übelste beschimpft wurden. Aber das ist eine andere Geschichte.

Wir hatten den Fußballplatz bis etwa vier Uhr. Danach kam die Clique von Cañito, und wir mussten mit eingezogenem Schwanz Leine ziehen. Die Art, wie er uns zu verstehen gab, dass wir uns verdünnisieren sollten, war echt ätzend. Von draußen, von der Straße her, machte Cañito einen hohen Abschlag, so dass der Ball wie vom Himmel fiel und irgendwo auf dem Platz einschlug. Das war die Ankündigung, dass sie im Anmarsch waren. Der Ball sprang mehrmals auf, und schon sahen wir ihre Köpfe über der Mauer. Sie ließen sich auf der Innenseite herunter und machten sich nicht mal die Mühe, uns zu vertreiben. Sie gingen einfach plaudernd auf den Platz, nahmen ihren Ball und fingen vor einem der Tore mit dem Training an. Ein paar von ihnen begaben sich zum Mittelkreis und stellten die Mannschaften zusammen. Zu uns sagten sie nicht ein Wort. Sie gingen einfach davon aus (und das mit Recht), dass wir uns mit eingezogenem Schwanz vom Platz schleichen würden. Wenn Cañitos Ball vom Himmel fiel, war es, als ginge die Welt unter. Egal, wie lange unser Spiel eigentlich noch dauerte, wie es gerade stand – wenn diese Typen auftauchten, verschwanden wir vom Antlitz des Planeten. Ein einziges Mal hat Pablito sich mit ihnen angelegt, weil es unentschieden stand und derjenige gewinnen würde, der das nächste Tor machte. Cañito hat ihm einfach eins auf die Fresse gegeben. Aber das habe ich ja schon erzählt. Seit damals muckten wir lieber nicht mehr auf. Wenn der Ball aus dem Nichts fiel, rannten wir davon wie Kakerlaken, wenn das Licht angeht.

Ich weiß auch nicht, welcher Teufel Luli da geritten hat, sich einfach vor Cañito Zalaberri und seiner Clique von Dumpfbacken aufzubauen. Vielleicht, weil es schon November war und der Bolzplatz zwischen zwei und vier zum Glutofen wurde. Die Sonne trocknete einem das Hirn aus. Und seit der Nachbar seinen Außenhahn abgedreht hatte, damit wir ihm nicht seinen Tank leer soffen, mussten wir drei Häuserblocks bis zu Agustín laufen, wenn wir Wasser wollten. Und

Luli hasst die Hitze. Vielleicht war's deswegen, was weiß ich.

Statt wie wir anderen lammfromm in Richtung Seitenlinie zu traben, ging er direkt auf die Typen zu, die gerade die Mannschaften zusammenstellten. Als sie ihn sahen, schauten sie ihn an wie einen Hund, der die Straße überquert, obwohl für die Autos gerade Grün geworden ist: mit einer Mischung aus Sadismus und gespannter Erwartung, wann genau das Tier zu Brei gefahren wird. Aber Luli ging erhobenen Hauptes weiter, bis er direkt vor Cañito Zalaberri stand. Wir konnten kein Wort hören von dem, was sie besprachen. Außerdem scharten sich diese Tiere sofort um Luli, so dass uns die Sicht fast vollständig versperrt war. Ab und zu machte einer einen Schritt zur Seite, und wir erhaschten einen Blick auf Luli, wie er redete und gestikulierte. Wir waren froh, dass er noch lebte.

Nach einer Weile tat sich ein Gang auf, und Luli kam wohlgemut herausspaziert. Als er wieder bei uns war, skizzierte er in wenigen Worten, was er ausbaldowert hatte: Wir würden gegen diese Elefanten antreten, an einem Donnerstag um drei Uhr nachmittags. Wenn wir gewannen, gehörte der Platz in Zukunft ab vier Uhr uns, und zwar bis zum Ende des Sommers. Wenn wir verloren, mussten wir uns was anderes suchen, dann würden sie uns zu Hackfleisch verarbeiten, sollten wir uns noch mal hier blicken lassen. Der geborene Diplomat, unser Luli. Dummerweise stürzte sich Atilio mit deutlichen Mordgelüsten auf ihn. Wir brauchten ganze zehn Minuten, um die beiden voneinander zu trennen. Luli spielte danach die beleidigte Leberwurst und ließ sich ewig bitten, bevor er den Rest des Vorschlags erläuterte.

Sein Plan war gar nicht so blöd. Die Kerle waren älter als wir, das stimmt. So um die fünfzehn. Während die meisten von uns gerade die sechste oder siebte Klasse beendet hatten. Andererseits waren sie ziemliche Stümper. Sie selber hielten sich natürlich für die Allergrößten. Dabei waren sie grottenschlecht. Nur zwei von ihnen hatten wirklich was drauf. Der kleine Federico Angeli, ihr Zehner, konnte gut dribbeln und setzte vor allem den anderen gefährlichen Spieler in Szene, Cachito Espora, ein Typ so dünn wie ein Strich, aber groß wie ein Kirchturm. Er schoss Tore aus allen Lagen, hatte einen Mordsschuss, und auch als Kopfballspieler war er ein Albtraum. Wenn man gegen ihn eine Chance haben wollte, musste man schon von der Latte aus einen Flugkopfball machen.

Unser Libero, Tití González, der vom Fußball die meiste Ahnung hat, meinte, er habe sie gegen die Jungs von der Diagonal untergehen sehen, und die seien auch nicht gerade das Gelbe vom Ei. Wir sollten uns von ihrer Flugzeugträgergröße nicht beeindrucken lassen, die seien nichts weiter als eine Herde Trampeltiere und in der Abwehr der reinste Hühnerhaufen.

Alle, die einen mehr, die anderen weniger, waren schließlich damit einverstanden, dass Tití sich um die Taktik kümmern sollte. Vor allem weil wir in unserer Clique zu sechzehnt waren und nur elf spielen konnten. Wir brauchten also einen, der Leuten wie Beto oder Lalo – prima Jungs, aber grauenhafte Spieler – verklickerte, dass sie draußen bleiben mussten. Tití scheren solche Details, mit Verlaub, einen Dreck. Ein guter Trainer muss Vetternwirtschaft vermeiden, wenn's drauf ankommt, braucht man echte Kerle, meinte er. Am Ende machte keiner Schwierigkeiten. Erstens stellte er tatsächlich die beste Mannschaft auf und zweitens kann Tití ganz schön ungemütlich werden, wenn man ihm widerspricht.

Am Tag des Spiels ging ich um zwanzig vor drei aus dem Haus. Es war brütend heiß, wie so oft zur Siestazeit im Dezember. Zuerst schaute ich bei Gato vorbei, der gerade Pasta mit Tomatensoße aß. Ich fand das ein bisschen merkwürdig, so kurz vorm Spiel, aber er sagte, Tití habe es so angeordnet, also fragte ich nicht weiter nach. Kurz vor dem Bolzplatz schlossen sich uns Lalo, Beto und José an, drei von denen, die draußen bleiben würden. Sie kamen vom Bahndamm, wo sie sich jede Menge Schottersteine unters T-Shirt gestopft hatten. »Falls es Ärger gibt«, sagten sie, und ich war froh, so gute Freunde zu haben.

Bevor es losging, mussten wir uns darauf einigen, wie lange die Partie dauern sollte. Einer von denen schlug vor, eine Zeit festzulegen, aber wir weigerten uns, weil wir keine Uhr haben. Na ja, Luis hat schon eine, aber er ist so geizig, dass er sie nie mitnimmt und behauptet, seine Mutter würde ihm die Hölle heißmachen, wenn sie kaputtginge; jedenfalls hatten wir keine Uhr, und der Clique von Cañito, die zwei oder drei Uhren dabeihatten, trauten wir nicht über den

Weg. Also kamen wir überein, bis zwölf Tore zu spielen oder bis es dunkel wurde. Letzteres ist so eine Sache. Führt man, wird es schon dunkel, wenn die Wolken rötlich zu schimmern beginnen. Liegt man hinten, ist es noch hell, selbst wenn man den Ball erst auf zwanzig Zentimeter Entfernung erkennt und einen beleuchteten Kompass braucht, um das gegnerische Tor zu finden. Schließlich verabredeten wir, es so zu machen wie die alten Herren bei ihren Sonntagsspielen. Es würde dunkel, wenn die Quecksilberlampe der Straßenlaterne anging. Damit waren Unstimmigkeiten ausgeschlossen. Eigentlich war diese Vorsicht vollkommen unnötig, schließlich ging die Partie schon um drei Uhr los, und weil Dezember war, würde es noch fünf Stunden hell sein. Ich erinnere mich noch, wie Cañito seine Schleimscheißer anguckte, von wegen bis dahin hätten sie uns schon längst die Bude vollgeschossen. Hätte er gewusst, was passieren würde, hätte er kein so hämisches Gesicht gemacht.

Kaum hatten wir losgelegt, wurde mir klar, dass sie tatsächlich ziemliche Rumpelfüßler waren. Groß, das ja, aber eben limitiert. Leute wie Luli oder Nicasio erwischten die nicht mal mit einem Fangnetz. Ich will ja nicht angeben, aber im Mittelfeld konnte ich schalten und walten, wie ich wollte, und spielte einige gute Pässe. Nur die zwei, die ich erwähnt habe, machten uns das Leben schwer: Angeli und Espora.

Aber Tití hatte einige Asse im Ärmel.

Als wir zwei zu eins führten, erhielten die anderen eine Ecke, und Tití machte Peluca ein Zeichen. Die

Flanke kam auf den zweiten Pfosten, auf den Goal-getter Espora, und Peluca rannte aus dem Tor, um den Ball wegzufausten. Doch statt den Ball zu tref-fen, rammte er dem Stürmer die Faust in die rechte Schläfe. Das Letzte, was der arme Espora sah, war ein phosphoreszierender grünschwarzer Fleck (Pelucas Handschuhe sind wirklich schrecklich). Es waren drei Geräusche: Pelucas Schrei (»Meiner!«), das Krachen seiner Faust auf Esporas Schädel und der Aufprall des ohnmächtigen Stürmers im Fünfmeterraum.

Sie verbrauchten drei Flaschen Wasser bei dem Ver-such, ihn wieder wach zu kriegen, aber sie erreichten nur, dass er die Augen öffnete und den Verteidiger mit seiner Mutter verwechselte. Es blieb ihnen nichts anderes übrig, als ihn auszuwechseln und zu den Bäu-men zu schleppen. Natürlich bekamen sie dafür einen Elfmeter. Dieser Bulle von Zalaberri drosch dermaßen drauf, dass er Peluca fast ans Tor genagelt hätte, aber das zwei zu zwei war kein zu hoher Preis dafür, dass wir einen ihrer Cracks eliminiert hatten.

Dann war der arme Angeli dran, der kleine Dribbler, der noch keinen Schimmer hatte, was ihn erwartete. Wie erwähnt, hatte Gato kurz vorm Spiel ausgiebig Pasta gemampft. Die ersten Minuten hatte er mehr oder weniger reglos an der Seitenlinie gestanden und merkwürdig geguckt. Zehn Minuten nach Esporas Knock-out bekamen wir einen Einwurf in der Nähe ih-res Strafraums. Gato ging ohne Eile auf diesen Angeli zu, der sich etwas abseits des Geschehens hielt, um den Kontor auszuführen. Gato stellte sich mit dreißig

Zentimeter Abstand hinter ihn und rülpste wie ein Schwein. Dann kotzte er ihm die Pasta mit Tomatensoße auf den Rücken. Ich sah die Kotze Angelis Rücken runterlaufen und dachte, dass Tití wirklich ein Genie ist: Er weiß einfach die Stärken seiner Spieler zu nutzen. Manche Leute spucken gut. Andere werfen Steine wie geborene Kanoniere. Wieder andere können zwei Meter weit pinkeln. Und Gato ist eben ein Meister im Kotzen. Er kann es in jeder Lebenslage, muss sich dafür nicht mal den Finger in den Hals stecken, sondern schafft es mit reiner Willenskraft.

Zuerst schaute Angeli ungläubig, mit einer solchen Attacke hatte er nicht gerechnet. Als ihm klar wurde, was passiert war, drehte er durch, ohne aber so recht zu wissen, wohin mit seiner Wut. Sollte er schreien und Gato eine reinhauen oder sollte er wegrennen und heulen wie ein Mädchen? Jede Kotze, die man abbekommt, ist ekelhaft, aber Kotze aus Pasta und Tomatensoße ist die allerschlimmste. Es war urkomisch: Angeli irrte auf dem Platz herum, weil er seine Kameraden um Hilfe bitten wollte, aber die wandten sich angewidert von ihm ab. Ich hatte ja schon erwähnt, dass man auf dem Bolzplatz nur schwer an Wasser rankam, und diese Affen hatten drei ihrer sechs Flaschen dafür verwendet, Espora wiederzubeleben. Sie würden also den Teufel tun, eine kollektive Dehydrierung zu riskieren, nur um den kleinen Angeli sauber zu kriegen. Außerdem hätten die drei Flaschen sowieso nicht gereicht, weil er ungelogen von Kopf bis Fuß vollgekotzt war. Ihn mit zwei Liter Wasser waschen zu wollen, wäre genauso vergebliche Liebesmüh, wie die Sahara mit einer Tüte Eiswürfel zu bewässern. Also blieb dem Dribbelkünstler nichts anderes übrig, als den Heimweg anzutreten, um sich ausgiebig zu duschen. Armer Kerl. Er musste sich beeilen, weil die Fliegen ihn schon zu umschwirren begannen. Nach einer kurzen Diskussion gab es Freistoß. Luli war so dreist, darauf hinzuweisen, dass das Reglement das Vollkotzen des Gegners nicht verbiete, aber von ihm aus könne man die unlautere Absicht ahnden. Es machte ihm sichtlich Spaß, die anderen ein bisschen zu provozieren.

Nach Titís Berechnung war die Sache mit dem Ausfall dieser beiden Spieler geritzt. Leider war dem nicht so. Sie waren älter als wir. Viel älter. Bei jedem Zweikampf brachen sie uns fast die Knochen. Tití mahnte uns zu Ruhe und Gelassenheit, aber man sah ihm an, dass er besorgt war. Mit letzter Anstrengung und auf Kosten unserer Gesundheit schafften wir ein acht zu fünf. Aber das reichte nicht, das wussten wir. Uns hing die Zunge raus, alles tat uns weh, während die Typen weiterhin frisch und fröhlich durch die Gegend liefen. Und es kam noch schlimmer: Ab halb fünf dämmerte uns allmählich, dass sie auf Zeit spielten. Anfangs noch verdeckt, aber dann immer offensichtlicher. Sie brauchten Stunden, um einen Einwurf auszuführen, ließen sich wegen jeder Kleinigkeit fallen, und wenn der Torwart für einen Abschlag den Ball von hinter dem Tor holen musste, bewegte er sich mit der Geschwindigkeit einer verletzten Schnecke. Als ich begriff, was sie im Schilde führten, rutschte mir das Herz in die Hose, weil all unsere Bemühungen vergeblich sein würden. Sie warteten ganz einfach ab, bis ihre Stars wieder aufs Spielfeld kamen. Bei richtigen Fußballspielen kann man eine Auswechslung nicht mehr rückgängig machen, aber auf einem Bolzplatz gelten Regeln wie beim Basketball: Solange elf Spieler auf dem Platz sind, darf nach Belieben ein- und ausgewechselt werden. Dieser Arsch von Zalaberri trabte in Zeitlupentempo durch die Gegend und drückte die Handflächen Richtung Boden, um den anderen zu verklickern, dass sie langsam machen sollten.

Gegen Viertel vor fünf riefen die gegnerischen Auswechselspieler, die Espora unter den Bäumen mit ihren T-Shirts Luft zufächelten, Zalaberri freudig zu, dass der Verletzte sich schon wieder an seinen Namen erinnere und sehen könne, wenn auch schwarz-weiß. Cañito wies sie an, ihm weiter Luft zuzufächeln und ihm sofort Bescheid zu sagen, wenn sich etwas änderte. Und es kam noch schlimmer. Kurz darauf kletterten Lalo und José über die Mauer und teilten Tití mit, ihr Anschlag auf den frisch geduschten Angeli sei gescheitert, er sei mit seiner Mutter und seinen beiden großen Brüdern im Anmarsch, die ihn auf Teufel komm raus vor einer neuerlichen Magenattacke schützen wollten. Wir scharten uns um Tití, unseren Trainer, in der Hoffnung, er würde unsere Ängste etwas beschwichtigen. Er starrte auf einen unbestimmten Punkt in der Ferne, wie jemand, der in sich selbst die Antwort sucht. Schließlich meldete er sich zu Wort, wenn auch kurz. »Wir sind am Arsch.« Und senkte den Blick.

Es war jammerschade – wir hatten uns regelrecht zerrissen, um dieses Spiel zu gewinnen. Am traurigsten wirkte Luli. Vielleicht fühlte er sich schuldig, weil er uns das alles eingebrockt hatte. Jetzt stand uns ein Sommer im Exil bevor. Die anderen Bolzplätze des Viertels waren furchtbar, keiner hatte Tore aus Metall. Und unser Recht zu spielen mussten wir uns erst noch erkämpfen. Sollte jemand gedacht haben, man hätte lieber die Klappe halten und weiterhin zur Siestazeit spielen sollen, sagte er es nicht. War auch besser so, denn Luli hatte Vorwürfe nicht verdient. Außerdem ging es nicht so sehr darum, ihnen den Platz abzuluchsen, sondern vielmehr, diesem Arschloch von Zalaberri eins auszuwischen. Es wäre zu schön gewesen, sich an ihm dafür zu rächen, dass er uns ständig schikanierte und mit seinen Wolkenschüssen vom Platz jagte. Das tat am meisten weh. Dieses Oscarpreisträgergrinsen auf seiner pickligen Sommersprossenvisage.

Da kam auch noch Espora zurück aufs Feld, der die Finger seiner Hand schon fast wieder richtig zählen konnte. Ich bemerkte, dass Luli neben mir leise betete. Das war's dann wohl, dachte ich. Wenn der Einzige, der bei uns gut Fußball spielen kann, mystische Anwandlungen hat, dann kriegen wir die Bude voll. Wie um meine Befürchtungen zu bestätigen, hämmerte Espora den ersten Ball, den er nach seiner Wiederauferstehung zugespielt bekam, unhaltbar in den Winkel. Acht zu sechs. Das muss so um Viertel nach fünf, zwanzig nach fünf gewesen sein.

Dann geschah das Merkwürdige. Zumindest wenn

man Peluca glauben darf, der behauptet, die Vögel hätten nach dem sechsten Tor der anderen zu zwitschern aufgehört. Könnte sogar stimmen, wenn ich bedenke, dass der Hund der Zwillinge, der bei jeder Partie hinterm Zaun steht und kläfft, sich nicht mal rührte, als ich den Ball verzog und ihn zwei Meter neben seiner Schnauze in die Maschen ballerte. In dem Moment schaute ich auch zum ersten Mal zum Himmel. Es sah nicht nach Regen aus, aber es waren hellgraue Wolken aufgezogen, was nach der prallen Sonne merkwürdig war.

Wir durften weiterhin keine Sekunde unaufmerksam sein, denn wie vorauszusehen war, schossen sie aus allen Lagen. Zum Glück guckte sich Peluca jetzt nicht mehr die Vögel an und hielt einige schwierige Dinger. Und Gott sei Dank hatte Tití sich vom Scheitern seines Plans, die Gegner zu neutralisieren, nicht runterziehen lassen, sondern schlug sich wacker als letzter Mann und Organisator der Abwehr. »Abwehr« ist gut gesagt: Wir stellten uns nämlich zu elft hinten rein, weil uns die Zunge raushing und wir uns vor Angst fast in die Hosen machten. Hätte nur noch gefehlt, dass wir rund um den Strafraum einen Graben aushoben und Helme aufsetzten, denn diese Schwachköpfe machten ganz schön Druck.

Aber es geschahen weiterhin merkwürdige Dinge. Zum Beispiel machte Peluca einen ziemlich hohen Abschlag, so hoch jedenfalls, dass ich einen Moment lang den Ball kaum noch erkennen konnte. Nur eine Sekunde lang, aber ich hatte danach ein seltsames

Gefühl. Zwei Minuten später schlug ich einen langen Pass auf Luli, der mir fünfzehn Meter zu weit geriet, aber während Luli sein Beten unterbrach, um mich zu beschimpfen, fiel mir auf, dass ich ihn auf diese Entfernung kaum noch erkennen konnte. Ich drehte mich zu Lalo und den anderen Auswechselspielern um, die für alle Fälle Steine sammelten, als wollten sie die ägyptischen Pyramiden neu erbauen. Ich fragte nach der Uhrzeit und erhielt zur Antwort, dass es nach Auskunft der Gegner halb sechs war. Es konnte nicht sein, aber es war so: Es wurde dunkel.

Drei Minuten später stand zweifelsfrei fest: Es wurde tatsächlich dunkel. Logo, dass wir die Rollen tauschten: Jetzt war es Peluca, der siebenundsechzig Jahre brauchte, um den Ball hinterm Tor zu suchen, und ich, der den Ball mit dem Fuß gemütlich zur Seitenlinie schob und ihn mehrmals aufhüpfen ließ, bevor ich den Einwurf ausführte. Als ich in die Nähe von Cañito Zalaberri kam, sah ich, dass er die Augen weit aufgerissen hatte und seine Pickel violett glänzten, während er seine Mitspieler fluchend zur Eile antrieb. Ich freute mich wie der Sultan von Polynesien (ich weiß gar nicht, ob die dort einen Sultan haben, aber das sagt mein Bruder immer).

Ich fühlte mich so komisch, dass ich nicht mal Peluca ausschimpfte, als er nach einem dummen Abpraller das siebte Tor kassierte. Ein Kullerball, der aus einem halben Meter Entfernung um Erlaubnis fragte, die Torlinie überschreiten zu dürfen. Der Gerechtigkeit halber sei gesagt, dass man zu diesem Zeitpunkt praktisch nichts mehr sah. Es konnte eigentlich nicht sein, aber es war fünf vor sechs, mitten im Dezember, und – Verzeihung – arschdunkel. Den Anstoß führte ich zu Luli aus, der mit dem Blick gen Himmel dastand und betete. Ich schimpfte wie ein Rohrspatz, aber er beachtete mich überhaupt nicht.

Da sah ich, wie die Quecksilberlampe alle zwei Sekunden aufflackerte. Von den dreißig Jungs, die an diesem Abend auf dem Bolzplatz waren, starrten achtundzwanzig dorthin. Ich schaute zu Peluca, auf dessen Seite die Straßenlaterne stand, und auch er schaute hin, obwohl er dafür das Feld aus den Augen lassen musste. Auch unsere Verteidiger schauten hin, fehlte nur noch, dass sie pusteten, um sie anzuschalten. Unsere Gegner schauten hin, allerdings mit Verzweiflung im Blick. Cachito Espora schaute hin, der nebenbei gesagt wie ein Einhorn aussah mit seiner violetten Beule. Der kleine Angeli schaute hin, wenn auch nicht so oft, weil er einerseits unbedingt gewinnen wollte und andererseits unbedingt vermeiden, dass ihn Gato kurz vor Schluss noch mal von oben bis unten vollkotzte. Und ich schaute dieses Arschloch von Cañito Zalaberri an, der am liebsten den Verantwortlichen umgebracht hätte, aber genau deshalb in eine Angststarre verfallen war, weil er nämlich nicht wusste, wem er die Prügel verabreichen sollte, die ihm in den Fingern juckte.

Seit dem acht zu sieben waren vielleicht zwei oder drei Minuten vergangen. Mir kamen sie vor wie Jahrzehnte, weil ich einen solchen Schiss hatte, der Ausgleich könnte doch noch fallen. Es kann aber nicht viel Zeit vergangen sein, denn der Ball näherte sich kaum den jeweiligen Strafräumen. Als Gato einen Einwurf ausführen wollte, warfen sich plötzlich Lalo, Beto, José und Agustín jubelnd auf ihn. Ich drehte mich um, und tatsächlich: Die Straßenlaterne leuchtete, gelblich, matt, jedenfalls noch nicht so grellweiß, wie wenn sie ganz an ist. Aber sie leuchtete.

Überraschung ist ein Gefühl, mit dem man manchmal nur schwer umgehen kann, vor allem, wenn man so ein Esel ist wie Cañito Zalaberri. Statt sich auf uns zu stürzen und uns grün und blau zu schlagen, presste er die Lippen aufeinander und zog blass wie ein Gespenst von dannen, mit seiner Bande von Speichelleckern im Schlepptau.

Auch wir fühlten uns komisch. Natürlich vollführten wir mehrere Luftsprünge und feierten mit Gebrüll unseren Sieg über die Großen. Aber die Sache war und blieb merkwürdig. Wir standen im Mittelkreis, und es war weiterhin dunkel, wobei es den Anschein hatte, als ob es dunkler nicht mehr werden würde. Außerdem waren weder Mond noch Sterne zu sehen. Nur das ferne Quecksilberlicht der gesegneten Straßenlaterne sorgte für etwas Helligkeit. Einer allerdings war außer sich vor Freude, nämlich Luli, der plötzlich die Arme hob und losschrie, als würde er abgeschlachtet: »Danke, Gott, vielen Dank! Ich schulde dir was! Danke für das Wunder!«

Einige dachten, er hätte einen Sonnenstich. Ich nicht, aber ich hatte trotzdem ein mulmiges Gefühl.

Als Gato ihn fragte, was in ihn gefahren sei, antwortete Luli aufgekratzt, er habe die ganze Partie über Gott um ein Wunder gebeten, und Gott habe es ihm gewährt. Weil Gato und Luis sich schepp lachten, wurde Luli ganz ernst und sagte beleidigt, sie sollten nicht so undankbar sein.

»Sachte, sachte, ihr Hirnis ... Schaut mal auf die Uhr. Nicht mal Viertel nach sechs und schon dunkel. Wie erklärt ihr das? He? Wie erklärt ihr das?«

Da schaltete sich Atilio ein und sagte im kühlen Ton des Wissenschaftlers: »Das ist eine Sonnenfinsternis, du Pflaume. Weißt du, was eine Sonnenfinsternis ist?« Und dann quatschte er daher wie Fräulein Nelly, wenn wir was nicht kapiert haben: »Eine Sonnenfinsternis entsteht dann, wenn der Mond sich zwischen Sonne und Erde schiebt. Dadurch entsteht, unabhängig von der Uhrzeit, ein kegelförmiger Schatten, bis die Umlaufbahnen der Erde und des Mondes sich wieder trennen und alles wieder zum Normalzustand zurückkehrt. Wunder dich nicht, wenn es gleich wieder hell wird, als wäre nichts passiert.«

Atilio mag im Fußball eine Niete sein, aber sonst hat er ganz schön was auf dem Kasten. Wir guckten alle zustimmend drein, außer Luli, der nicht einlenken wollte.

»Ach ja? Eine Sonnenfinsternis? Ausgerechnet heute, wo die doch nur alle zig Jahre mal vorkommen? Beim Spielstand von acht zu sieben wird es rein zufällig so dunkel, dass die Straßenlaterne automatisch angeht? Du tust mir vielleicht leid!«

»Ach ja?« Wenn es um Wissen geht, gibt Atilio nicht so leicht klein bei. »Du meinst also, Gott verschwendet seine kostbare Zeit, um bei so einem Pipifaxspiel ein Wunder zu bewirken, nur weil du das Vaterunser gebetet hast? Red keinen Scheiß, Luli! Ich bin genauso froh wie du, aber hör auf, solchen Quatsch zu verzapfen!«

Luli antwortete nicht. Er kniete nieder, bekreuzigte sich mehrmals und fing wieder an zu beten. Wir traten ein Stück beiseite und machten uns dann auf den Weg, halb weil wir Atilios Argumentation vernünftiger fanden, halb weil uns der betende Luli ein bisschen unheimlich war.

Aber das Allermerkwürdigste kam erst noch. Wir gingen im Dunkeln in Richtung Mauer, und Luli betete weiter, was ihm gerade so einfiel.

»Danke, o Herr, vielen Dank. Auch wenn der Schwachkopf von Atilio sagt, es war eine Sonnenfinsternis, weiß ich doch, o Herr, dass es ein Geschenk von dir ist, weil wir guten Glaubens darum gebetet haben, wie Pfarrer Antonio immer sagt, und weil du gerecht bist und weißt, dass Cañito Zalaberri ein Arschloch ist und nicht verdient hat, um vier Uhr spielen zu dürfen, und nur ausnutzt, dass er schon fünfzehn ist, und die Jüngeren schikaniert. Danke, Gott, nochmals vielen Dank! Ich bitte dich um Verzeihung für den ungläubigen Atilio, aber ich danke dir auch in seinem und unser aller Namen. DANKE, LIEBER GOTT!«

Luli schrie die letzten Worte, so dass alle sie deutlich hören konnten. Was danach war, weiß ich nicht mehr genau, nur noch, dass dieser Schrei sich in der dunklen

Stille verlor und ich mir schlimm die Wade aufriss, als wir auf die Mauer kletterten und uns stumm vor Schiss auf der anderen Seite runterfallen ließen. Und dass es klar und deutlich vom Himmel donnerte, als brüllte jemand: »GERN GESCHEHEN!«

VARGAS KEHRT ZURÜCK

Als Doktor Villalba an diesem schwülheißen Abend beschloss, dass man den alten Vargas zur Rückkehr bewegen müsse, fanden wir das alle eine glänzende Idee. Getragen von der Begeisterung des gesamten Vorstands und unserem jugendlichen Eifer, beschloss er, bei Vargas vorstellig zu werden und Tatsachen zu schaffen. Sekundiert von den ehrenwerten Mitgliedern des Vorstands, erhob er sich und verließ entschlossenen Schrittes die Clubkneipe. Wir leerten hastig die Wermutgläser und schnappten uns die Reste des Buffets, bevor wir der Führungsriege folgten. Der Abend war ein Albtraum, wie so oft im Januar, wenn die Feuchtigkeit, die heiß und klebrig vom Fluss aufsteigt, in den Straßen und Häusern des Dorfes steht, uns einhüllt und erstickt.

Voran ging natürlich der Doktor, gefolgt vor allem von uns Jüngeren, die wir voller Hochachtung für ihn waren. Maßgeschneiderter Anzug, glänzende Krawatte, das Taschentuch in der Brusttasche farblich auf den Anzug abgestimmt, das Haar streng nach hinten gekämmt und mit Pomade fixiert, die schwarze Brille elegant. Dazu der Gang eines Gewinners, dem die Welt zu Füßen liegt, der lange, elastische Schritt eines

Tigers. Wir gingen die acht Häuserblocks in flottem Tempo und kamen schweißgebadet an. Alle außer dem Präsidenten, der in einer durchsichtigen, kühlen Blase zu schweben schien, die ihn vor allem bewahrte.

Es war ein schlichtes Häuschen mit Giebeldach und einer Veranda, zu der man eine fünfstufige Steintreppe hinaufsteigen musste. Mit einer Geste gab Doktor Villalba zu verstehen, dass man klingeln sollte. Die anderen hatten sich hinter ihm zu einem improvisierten Trupp formiert. Ich war fürchterlich aufgeregt, weil ich mir ausmalte, was für ein Gesicht Vargas machen würde, wenn er diese Abordnung sah. Und ich würde Teil der großen Geschichte meines Clubs werden, meines Dorfes. Statt Vargas öffnete eine kleine, nervöse Frau die Tür, die fragte, was wir wollten. Zwei Minuten später kam sie wieder und sagte, wir könnten eintreten. Erst überschritt der Präsident die Schwelle, dann die Herren von der Kommission, schließlich wir. Vargas erwartete uns im großen Esszimmer; es ging zur stickigen Straße hinaus, von der wir gekommen waren. Ich hatte ihn seit zwei Jahren nicht mehr gesehen, seit dem chaotischen Nachmittag, an dem er zum letzten Mal auf der Bank saß. Er sah noch genauso aus wie damals: ein untersetzter, ernster Mann mit einem dichten grauen Schnauzer. Als wir reinkamen, saß er an einem langen Tisch. Ohne erkennbare Eile stand er auf, um uns zu begrüßen. Er reichte allen die Hand, aber er lächelte nicht.

Präsident Villalba setzte sich ihm gegenüber, und die anderen Mitglieder der Abordnung verteilten sich zu seiner Linken und Rechten. Man konnte den Eindruck gewinnen, der Doktor säße einer Prüfungskommission vor und Vargas wäre der Schüler. Wir Jungen blieben stehen, weil niemand uns einen Platz anbot, weil sowieso nicht genügend Stühle da waren und weil die feierliche Stimmung und heiklen Umstände des Treffens uns befangen machten. Als ich vom strammen Stehen müde wurde, lehnte ich mich unauffällig an einen Schrank, der vollgestellt war mit allerlei Krimskrams: Schmuck aus Meeresmuscheln, Mateteeservicen und diesen Tellern, die man in Mar de Ajó und Santa Teresita als Andenken kaufen kann.

Der Präsident ersparte sich lange Vorreden und kam gleich zur Sache. Es sei keine Zeit für Sonntagsreden, denn der Verein befinde sich in einer verzweifelten Situation. Wenn jetzt keine drastischen Maßnahmen ergriffen würden, könnten die titanischen Anstrengungen der letzten fünf Jahre vergebens gewesen sein, der zweifache Aufstieg, die neue Bedeutung landesweit, die oberste Stufe der Leiter, auf die der Club von jeher einen Anspruch habe. Stürmische Zeiten erforderten erfahrene Steuermänner, und die Stimme des Volkes (die nie irre, die ein unbestechlicher Richter sei) rufe nach Don Inocencio Pedro Vargas, dem erfolgreichsten Trainer, den der Club je gehabt habe.

Als er zu Ende gesprochen hatte, hätten einige der Jüngsten fast applaudiert, rissen sich aber zusammen. Die Frau, die uns geöffnet hatte, trat ein, tippelte mit deutlich hörbaren Schritten auf ihren Mann zu und flüsterte ihm etwas ins Ohr. Vargas fragte, ob wir Kaffee wollten, und Villalba nahm für sich und alle anderen dankend an. Die Frau ging zurück in die Küche. Als sie die Tür schloss, wehte etwas frische Luft in meine Richtung, und ich bemerkte, dass das Esszimmer mittlerweile die reinste Waschküche war.

Der Doktor bot Vargas eine Benson & Hedges an, aber der schüttelte den Kopf und holte eine Packung kurze Jockeys aus der Hemdtasche. Villalba lächelte und beschwor ein Bild herauf, an das wir uns alle erinnerten: Vargas, wie er an der Kreidelinie steht, die blaue Baskenmütze tief ins Gesicht gezogen, die Zigarette im Mundwinkel, und ab und zu eine Anweisung brüllt. Jetzt lächelten auch alle anderen, denn dieses Bild versetzte uns zurück in die glorreichen Zeiten des doppelten Aufstiegs, als die Mannschaft eine unschlagbare Einheit gebildet hatte.

Der Einzige, der nicht lächelte, war Vargas. Er legte die Hände auf dem Tisch übereinander, in den Fingern die qualmende Zigarette, und fragte in aller Gemütsruhe, was denn nun sei mit der Modernisierung, der Erfolgsphilosophie, den Spielern aus der Hauptstadt und dem neuen Trainer aus Ungarn.

Doktor Villalba wurde ernst und sagte, Wachstum bedeute Veränderung, und Veränderung führe manchmal zu Fehlern, schmerzhaften Fehlern. Wie Bäume in alle Richtungen wüchsen und manch ein Ast in der Sonne vertrockne oder vom Wind geknickt werde, so errichteten die Menschen ihre Träume in unwirtlichen Gefilden, so dass die besten Pläne und lautersten Absichten manchmal im stürmischen Meer des Zufalls und der Niedertracht untergingen, insbesondere in der flüchtigen Sphäre des Sports.

Die Frau brachte ein Tablett mit Kaffee herein, und Villalba sprang auf, um ihr beim Verteilen der Tassen zu helfen. Vargas blieb sitzen und dankte mit einem Kopfnicken, als man ihm die seine reichte.

Vargas fragte, mit welchen Spielern man in der nächsten Saison anzutreten gedenke, denn seiner Berechnung nach seien von der Aufstiegsmannschaft nur noch ein Außenverteidiger und der Ersatztorhüter übrig, und die Neuzugänge der vergangenen beiden Jahre seien allesamt Spieler auf Leihbasis.

Villalba hob beide Hände, senkte den Kopf und sagte, er beuge sich der Analysefähigkeit und raschen Auffassungsgabe, die Vargas so beeindruckend zur Schau stelle. Er nehme ihm die Worte aus dem Mund, und seine Einsicht in die Schwierigkeiten, die sich am Horizont abzeichneten, verrieten den großen Strategen in ihm. Es seien ernste Zeiten, der Club stehe am Rande des Ruins. Sicher, die glorreichen Jungs, die den doppelten Aufstieg überhaupt erst möglich gemacht hätten, hätten den neuen Stars weichen müssen, die der Ungar mitgebracht habe. Und es seien ja gerade die Einnahmen aus diesen Spielerverkäufen gewesen, mit denen man das ehrgeizige Projekt der letzten zwei Jahre habe angehen können. Aber durch den kürzlichen Abstieg sei man nun gezwungen, die Strategie des Clubs neu zu überdenken. Man strebe danach, zu den alten Stärken zurückzukehren, zu Kampfgeist und Opferbereitschaft, und dafür brauche man Männer mit

der Geisteshaltung von Titanen, Männer, die junge
Leute aus Eisen schmieden könnten, denn dies sei
die Anforderung der Stunde: aus den Jugendmann-
schaften die Juwelen herauszufischen, die Rohdiaman-
ten, die Glieder für eine neue Kette von Erfolgen, die
den Abstieg schnell vergessen machten und den Club
wieder auf die Siegerstraße führten. Und im Dorf, ja in
der ganzen Provinz, gebe es keinen, der diese jungen
Männer besser formen, besser schmieden könne als
Don Inocencio Vargas.

Der Doktor hatte seine Rede mit solcher Verve vor-
getragen, dass ihm eine pomadisierte Haarsträhne in
die Stirn gerutscht war, die er nun mit der linken Hand
schnell wieder zurechtschob. Die Ehefrau, die sich dis-
kret zurückgezogen hatte, trat ein. Sie umrundete den
Tisch und sammelte die Tassen zusammen, was nicht
besonders lange dauerte, denn wir Stehenden hatten
keinen Kaffee abbekommen. Als sie fertig war, ging sie
zu ihrem Mann und flüsterte ihm etwas ins Ohr. Dann
verließ sie das Esszimmer. Vargas sagte, draußen auf
dem Gehweg strömten Leute zusammen. Einer von
uns Jungs, die am Fenster standen, zog den Vorhang
einen Spaltbreit auf und gleich wieder zu und sagte,
es seien um die fünfzig Personen. Zum ersten Mal an
diesem Abend lächelte Vargas und meinte, in diesem
Dorf sprächen sich Geheimnisse schneller herum, als
man furzen könne. Der Präsident lachte als Erster
über diese Bemerkung, aber ich bezweifle, dass ihm
der obszöne Vergleich gefallen hatte. Alle stimmten in
sein Gelächter ein. Vargas wartete nicht ab, bis sich

die Letzten wieder beruhigt hatten, sondern nahm den Faden gleich wieder auf. Wenn er es richtig verstanden habe, solle der Absteiger mit einer Truppe junger Leute spielen, die weder in der ersten noch in der zweiten Liga Erfahrung gesammelt hätten.

Doktor Villalba schlug wieder einen feierlichen, leicht säuerlichen Ton an. Ja, sagte er, die Wahrheit sei eine bittere Medizin, aber immer noch besser als der süße Betrug von Placebos. Und in dieser schweren Stunde sei nur Platz für die nackte Wahrheit. Es sei gerade die drängende Not dieses Moments, die auf ihn verweise, auf Inocencio Vargas, den Retter in diesem Meer der Angst. Er wolle ja nicht den Teufel an die Wand malen, aber die Spielklasse, in der sie sich behaupten müssten, sei höllisch schwer, und es bestehe durchaus die entsetzliche Gefahr eines neuerlichen Abstiegs. Er betrachtete seine Hände und sagte, dass damit die gemeinsame Anstrengung der letzten fünf Jahre null und nichtig gemacht würde, dass der Verein wieder im tiefen Tal der Bedeutungslosigkeit versinken würde, aus dem er aufgestiegen sei, und dies gälte es unbedingt zu verhindern. Deshalb habe sich auch diese Abordnung gebildet, der vorzustehen er die Ehre habe, um ihn zu bitten, sich dem Ruf der Geschichte und seiner Bewunderer nicht zu entziehen.

Die Frau trat ein. Sie sah nervös aus, aber diesmal ging sie nicht zu ihrem Mann. Sie sah ihn nur fest an, während sie die Aschenbecher in einen kleinen Eimer leerte. Dann ging sie wieder und schloss die Tür hinter sich. Vargas zündete sich eine neue Zigarette an und blies eine große Rauchwolke zur Decke. Die Mischung aus Hitze, Schweißgeruch und Tabakqualm verursachte Brechreiz. Niemand war auf die Idee gekommen, den Deckenventilator einzuschalten. Die Einzigen, die mit der Gabe des Sprechens gesegnet schienen und etwas hätten tun können, waren Vargas und der Doktor. Vargas erhob sich und holte aus der Schublade des Küchenschranks ein neues Päckchen Jockeys. Auf dem Weg zurück zum Tisch blieb er kurz am Fenster stehen und spähte durch den Vorhang. Dann setzte er sich knarrend auf den Eichenstuhl und sagte, draußen stünden mittlerweile über zweihundert Personen. Das hatte ich mir schon gedacht, denn man musste gar nicht rausschauen, man merkte auch an dem Stimmengewirr, das vom Gehweg hereindrang, dass sich ein Menschenauflauf gebildet hatte. Mich wunderte ein bisschen der Glanz in Vargas' Augen.

Obwohl Vargas schwieg, zögerte Villalba diesmal. Als er das Wort wieder ergriff, schlug er einen betrübten, vertraulichen Ton an. Er bemühte die Redewendung »Kurze Rechnung, lange Freundschaft«. Und fügte an, der Club fühle sich verpflichtet, alte Schulden zu begleichen. Im Erneuerungswahn der letzten Jahre habe es der Verein leider versäumt, seine ausstehenden Trainergehälter auszubezahlen, das dürfe Vargas aber nicht als mangelnden Willen oder Undankbarkeit auslegen, es sei einzig und allein der Tatsache geschuldet, dass ein im Wachstum begriffener Organismus manchmal wild wuchere, wie der Club, der allen Anwesenden so am Herzen liege. Gleich Montag früh werde er als erste Amtshandlung die Überweisung autorisieren, denn der Vorstand sei sich vollkommen im Klaren über die Rechtmäßigkeit der Ansprüche, die er, Don Inocencio, bei mehreren Gelegenheiten geltend gemacht habe. Ohne großen Respekt vor eingegangenen Verpflichtungen lasse sich nun mal langfristig nichts aufbauen.

Die Frau trat ein. Sie hustete mehrmals und wedelte mit der Hand vorm Gesicht, als ersticke sie der dichte Qualm im Zimmer. Sie sah wieder ihren Mann an, diesmal erkennbar verärgert, was Vargas aber scheinbar nicht zur Kenntnis nahm. Sie ging zu den Fenstern, riss alle Vorhänge auf und stellte den Ventilator an. Als hätten die Leute draußen auf dieses Signal gewartet, begannen sie zu applaudieren und Schlachtgesänge anzustimmen. Einige von uns sahen nach draußen und gaben den Leuten mit Handzeichen zu verstehen, dass sie ruhig sein sollten. Drinnen war längst noch nicht alles besprochen, und die spürbare Spannung stand im Widerspruch zu der Festtagsstimmung vor dem Haus. Sie hörten auf uns.

Als ich mich wieder vor den Esszimmerschrank stellte, richtete Vargas zum ersten Mal seinen Blick auf mich. Er fragte, ob draußen viele Leute seien. Um die fünfhundert, sagte ich, ohne zu übertreiben. Ich verschluckte mich leicht beim Sprechen, weil es mich nervös machte, dass der große Don Vargas sich an mich gewandt hatte. Wieder fiel mir der Glanz in seinen Augen auf.

Vargas stand auf. Er sah Villalba direkt in die Augen und sagte in freundlichem Ton, es sei ja nicht nötig, bei dieser drückenden Hitze alle auf die Folter zu spannen. Die Spannung im Gesicht des Präsidenten wich der Erleichterung und die Erleichterung der Freude. »Reichen wir uns die Hand, mein Freund«, sagte der Doktor und stand ebenfalls auf. Er grinste übers ganze Gesicht, die weißen Zähne blitzten. Auch wir standen auf und bildeten eine Schlange, um Vargas zu beglückwünschen. Ich stand gleich neben der Tür zur Küche und konnte sehen, wie die Frau sie öffnete, starr das Gewirr aus Witzen, Glückwünschen, Händeschütteln, Umarmungen und Schulterklopfen beobachtete. Dann zog sie die Tür leise wieder zu, ob aus Schüchternheit oder Verärgerung, kann ich nicht sagen. Dem Blick nach, mit dem sie ihren Mann ansah, tippe ich eher auf Letzteres.

Der Präsident ging um den Tisch herum, legte Vargas die Hand auf die Schulter und bugsierte ihn zum Eingang. Mit einer dringlichen Geste gab er dem Jungen, der gleich neben der Tür stand, zu verstehen, er solle sie weit aufmachen.

Der Tumult, der ausbrach, als die Leute sahen, dass sie zusammen im Türrahmen erschienen, war unglaublich. In dem Augenblick, als sie die Veranda betraten, leuchteten Blitzlichter auf, fast wie im Film. Was dann kam, kann ich nur erraten, denn hinter dem Präsidenten und Vargas drängten sich die Mitglieder der Abordnung. Ich stand ganz hinten, neben der offenen Tür, fast noch im Haus.

Ich sah die erhobenen Hände des Doktors, der um Ruhe bat. Die Leute folgten seiner Bitte sofort. Ich weiß nicht mehr genau, welche Worte er wählte, sie verloren sich in der drückenden Luft des Abends. Es klang wie eine Zusammenfassung dessen, was er drinnen gesagt hatte. Er sprach von den glorreichen Jahren, von der traumatischen Erneuerung, von der Stunde des Opfers, von der Chance für die Jugend, von der drohenden Gefahr, von der aufgeschobenen Größe, von der verheißungsvollen Zukunft. Die Leute lauschten ihm wie in Trance. Zu hören waren nur die donnernde Stimme des Präsidenten und das Prasseln der Insekten gegen die Glühbirnen. Am Ende sprach er noch von den außergewöhnlichen Menschen, die Geschichte schrieben, deren Schicksal es sei, Wege zu bahnen, damit die anderen sie beschreiten konnten, von der Einsamkeit dieser prophetischen Existenzen. Der einzige Mensch auf Erden, der den Club vor dem Fall bewahren könne, sei Don Inocencio Pedro Vargas, der ab Montagvormittag der neue Trainer sein werde.

Der Applaus brach nicht sofort los, als bräuchte der Zauber seiner tiefen Stimme noch einen Moment, um sich zu lösen. Aber es musste nur ein Mitglied der Abordnung klatschen, schon brandete Jubel auf und schwoll an wie ein reißender Sturzbach.

Dann trat wieder Stille ein. Ich drehte mich um und sah, wie die Frau ins Esszimmer kam, sich nicht um den Tumult draußen scherte, unter dem Tisch und den Stühlen zu fegen begann und dabei traurig den Kopf schüttelte.

Vargas draußen räusperte sich. Eingehend betrachtete er die Menge oder zumindest den Teil der Neugierigen, die von der Veranda aus zu sehen waren. Dann drehte er sich zur Kommission um, die hinter ihm stand. Schließlich ließ er seinen Blick auf Doktor Villalba ruhen, bevor er sich wieder den Leuten zuwandte. Als alle schon dachten, er würde zu einer Rede ansetzen, zündete er sich eine Zigarette an. In aller Seelenruhe nahm er ein paar Züge. Erst dann, mit etwas brüchiger Stimme, sanfter Miene und einem scheuen Lächeln, das sich kaum auf seinen Lippen abzeichnete, sagte er, er sei kein Mann von großen Worten, deshalb fasse er sich kurz. Wieder zog er an seiner Zigarette. Es sei für ihn ein ganz besonderer Moment, und wenn er genauer darüber nachdenke, habe er den hier Anwesenden nur eines zu sagen, vor allem den Herren Mitgliedern des Vorstands und dem Präsidenten des Clubs.

Er nahm die Zigarette aus dem Mund, warf sie auf den Boden und drückte sie mit dem Fuß aus. Er sah den Präsidenten an, die Kommission, den Rest der Abordnung, die Schar der Neugierigen. Und dann sagte er, sie könnten ihn alle mal am Arsch lecken, machte auf dem Absatz kehrt und knallte die Tür hinter sich zu.

FÜR ACHÁVAL GAB KEINER EINEN PFIFFERLING

Ehrlich gesagt, gab niemand einen Pfifferling für Achával. Wenn er am Schluss im Tor stand beim Entscheidungsspiel, das wir im März 1986 gegen die 5°1a austrugen, dann nur, weil vieles zusammenkam. Unter normalen Umständen hätte Achával nie und nimmer zwischen den Pfosten gestanden, um unsere Ehre zu verteidigen.

Als ich ihn in der 1°2a kennenlernte, dachte ich: Der sieht aus wie ein Volltrottel. Aber dann sagte ich mir, dass ich nicht so gemein sein durfte, jemanden nur nach seinem Äußeren zu beurteilen, also zwang ich mich, ihm eine Chance zu geben. Gegen die 1°1a spielten wir zum ersten Mal im Mai 1981. Wir kannten uns damals kaum, und Cachito – der dann während der gesamten Sekundarstufe im Tor stand – hielt sich noch für einen begnadeten Mittelfeldspieler und weigerte sich, sich zwischen die Pfosten zu stellen. Also kamen wir auf die blöde Idee, Achával zu fragen. So ein Fehler kann nur Kindern passieren, klar. Denn im Sportunterricht hatte der Typ uns zur Genüge unter Beweis gestellt, dass er nicht mal zum Sackhüpfen taugte. Aber es war Freitagnachmittag, wir waren nur zehn und der Rest Mädchen, und von uns zehn wollte partout keiner ins

Tor. Perico ging zu ihm hin und sagte, wir hätten am Samstag ein Spiel, wenn er wolle, könne er ins Tor. Er willigte freudig ein, und ich dachte: Super, ein Problem weniger.

Die Zuversicht verging mir am Samstagvormittag. Als ich ihn sah, wich mir alle Farbe aus dem Gesicht. Er trug einen weißen Pullover, Shorts mit Hosentaschen, halbhohe Frotteesocken und weiße Turnschuhe. Ich wäre am liebsten gestorben. Wenn ein Typ im Tennisdress zum Fußballspielen kommt, kann das nur tragisch enden. Während wir uns hinter dem Tor die Fußballschuhe anzogen, ging Achával schon mal aufs Feld. Er stellte sich auf die Linie und nahm das Tor neugierig in Augenschein, als sähe er so ein Ding zum ersten Mal. Die Jungs, die sich in seiner Nähe einkickten, spielten ihm einen Ball zu. Er stand mit den Händen hinterm Rücken da und ließ ihn auf sich zurollen wie ein fleißiger Schüler. In einem weißen Pullover zu spielen ist schon gewöhnungsbedürftig. Aber arglos die Hände auf dem Rücken zu lassen, wenn ein Ball auf einen zukommt, ist eine Katastrophe. Ich vermute, der Schreck stand mir ins Gesicht geschrieben, denn Agustín stieß mich mit dem Ellenbogen an und versuchte, mich zu beruhigen. »Wer weiß, vielleicht ist er im Tor ja eine richtige Granate.« Aber das glaubte er selber nicht. Ich muss wohl kaum erwähnen, dass Achával nicht die geringsten Anstalten machte, ein bisschen mit dem Ball zu tricksen. Stattdessen spielte er ihn mit der Picke, ohne das Knie zu beugen. Gütiger Gott, dachte ich. Doch es war zu spät.

Nach dem Anpfiff stürmten wir alle auf das Tor der anderen zu. Der totale Quatsch, aber solche Sachen macht man halt mit dreizehn. Sie erwarteten uns, hielten dagegen, und nach zehn Minuten leiteten sie einen Konter ein, als stellten sie die Landung in der Normandie nach. Als ich sie auf unser Tor zurennen sah, vier Typen gegen Pipino, der als Einziger genügend Grips gehabt hatte, um so was vorauszusehen und letzter Mann zu spielen, dachte ich: Das war's. Aber die anderen waren auch erst dreizehn, und jeder wollte das Tor seines Lebens schießen. Deshalb ging Urruti, ihr rechter Außenstürmer, außen an Pipino vorbei, statt in die Mitte zu passen, und legte sich den Ball zu weit vor. Doch Achával blieb wie festgeschraubt auf der Linie stehen, als wäre er ein Tischfußballtorwart. Wie er so dastand – hochgewachsen, steif, die Beine eng zusammen –, fehlte nur noch die Metallstange auf Brusthöhe. Als Urruti abzog, schöpfte ich wieder ein wenig Hoffnung. Er traf den Ball nicht richtig, deshalb flog er halbhoch aufs Tor zu. Für jeden, der auch nur ein bisschen Ahnung vom Fußball hat, ein Kinderspiel. Aber offenbar war das bei Achával nicht der Fall. Statt einfach die Arme auszubreiten und den Ball zu fangen, stürzte er sich dem Ball entgegen. Der Arme, wahrscheinlich hatte er das mal im Fernsehen gesehen und wollte uns beweisen, dass er was auf dem Kasten hatte. Leider schätzte er die Flugbahn dermaßen schlecht ein, dass der Ball nicht in seinen Armen landete, sondern auf seine linke Schulter prallte, leicht abhob und ins Tor hüpfte. Ich hätte ihn am liebsten in vier Sprachen und sechzehn Dialekten verflucht, aber da wir keine Alternative hatten, verkniff ich mir jeden Kommentar, und wir führten den Anstoß aus.

Das zweite Tor war noch dümmer als das erste. Ein Freistoß aus einer Entfernung von mehr oder weniger Alaska. Pipino ließ ihn durch und rief: »Deiner, Torwart«, denn der nächste Stürmer stand locker zehn Meter vom Ball entfernt. Aber Achával war auf eine solche Situation nicht vorbereitet. Es fiel ihm nicht ein, dass er sich mit seinen ein Meter achtzig nur bücken und den Ball mit den Händen aufnehmen musste, nein, er versuchte, ihn mit rechts zu klären. Es geschah, was geschehen muss, wenn ein Typ, der mit halbhohen Frotteestrümpfen und Tennisschuhen zu einem Fußballspiel kommt, einen Ball mit rechts weghauen will: Er versemmelte den Schuss, der Ball prallte ihm ans linke Bein, von wo aus er den Weg ins Tor fand. Riganti – der Schütze – hatte wenigstens genügend Ehrgefühl im Leib, den Treffer nicht zu bejubeln. Und ich war inzwischen so geladen, dass ich meine eigenen Zähne als Kaugummis missbrauchte, um Achával nicht zu beschimpfen.

Als die von der 1°1a bemerkten, was für ein Loser da bei uns im Tor stand, beschlossen sie, ein Schützenfest zu feiern. Sie schossen aus allen Lagen, und wenn wir uns bloß sieben Dinger fingen, dann nur deshalb, weil Agustín und Chirola praktisch das ganze Spiel über am Pfosten standen und einen Ball nach dem anderen von der Linie schlugen. Das dritte und das vierte Tor waren eher normal. Beim fünften Tor hatte Zamora geschossen. Der Ball flog genau auf Achávals Brust, der, entschlossen, das Komplizierte noch komplizierter zu machen, den Ball abprallen ließ, so dass er Florentino direkt vor die Füße fiel. Beim sechsten Tor wollte Achával mal am eigenen Leib spüren, wie es sich anfühlt, wenn ein Torwart einen Ball wegfaustet. Er vollbrachte fast ein Wunder: Seine Fäuste trafen tatsächlich den Ball. Schade nur, dass er ihn aufs eigene Tor boxte, und zwar so präzise, dass Chirola, der am ersten Pfosten stand, keine Chance hatte, ihn abzuwehren.

Das drei zu sieben in unserem ersten Fußballduell war für uns zarte Teenagerseelen eine traumatische Erfahrung. Aber immerhin zogen wir die Lehre daraus: Cachito musste seine Dribblerträume aufgeben und ins Tor, wo er den Rest seiner Sekundarschulzeit verweilen würde. Und Achával beriefen wir ums Verrecken nicht mehr. Wir waren nur noch zu zehnt, aber Gott sei Dank löste sich alles in Wohlgefallen auf. Im Juni fiel Dicroza praktisch vom Himmel. Er war ans ENET strafversetzt worden, um nicht ganz von der Schule zu fliegen. Ich glaube, es verging kein Jahr, in dem der Typ nicht mindestens zehn Klassenbucheinträge hatte. Aber seine rebellische Haltung, die ihn nach den Worten unseres Direktors García zu einem »undisziplinierten Subjekt« machte, wurde, im Dienst der Mannschaft und gegen fremde Waden gerichtet, zu so etwas wie einem Schwert der Gerechtigkeit, das alle Gegner das Fürchten lehrte.

Das erste und letzte Spiel Achávals hatte also im Mai 1981 stattgefunden. Dabei wäre es auch geblieben, wenn dieser Idiot von Pipino erst denken und dann sprechen würde. Im Abschlussjahr 1985 hatten wir eine blitzsaubere Statistik vorzuweisen. Zweiunddreißig Siege, sechs Unentschieden, achtzehn Niederlagen. Natürlich war das die allgemeine Statistik auf Grundlage aller Schuljahre. Bei der Teilstatistik schnitten wir aber auch gut ab. Wir begannen das Schuljahr in dem Bewusstsein, dass die 5°1a uns nicht mehr einholen konnte, es sei denn, wir spielten zwölftausend Mal gegeneinander. Trotzdem hielten wir sie auf Distanz. Wir trugen acht Partien aus, von denen wir vier gewannen und einmal unentschieden spielten. Was konnten wir vom Leben mehr verlangen? Nichts, rein gar nichts. Als wir die Abschlusszeugnisse ausgehändigt bekamen, hängten wir eine Fahne im Festsaal auf. Direktor García soll gefragt haben, was es mit den in roter – blutroter – Tinte geschriebenen Zahlen auf sich hatte: »32–6–18«. Aber keiner auf den Sitzen hatte einen Schimmer, was sie bedeuteten. Die von der 5°1a wussten es natürlich und litten während des Festakts Höllenqualen. Vergeblich versuchten sie die Fahne abzufackeln, als sich die Gäste zum Umtrunk in die Turnhalle begaben.

Alles paletti also, besser ging's nicht. Aber nein: Da trifft dieser Idiot von Pipino in Villa Gesell zufällig auf Riganti und Zamora, zwei unserer Erzfeinde, und die beiden reizen ihn bis aufs Blut, von wegen wir wären Schlappschwänze und überhaupt könnten wir nach den Sommerferien ja noch ein Spiel austragen, um »endgültig zu bestimmen, wer in der Saison 1985 wirklich der Bessere war«. Und dieser Volltrottel, dieser Schwachkopf von Pipino sagt in der Hitze des Gefechts, ja, kein Problem. Kann man so bescheuert sein? Ja, Pipino kann.

Als wir uns im Februar gegenseitig kontaktierten, um abzuchecken, ob wir weiter zusammen Fußball spielen wollten, rückte Pipino mit der Neuigkeit raus, dass er dieses Spiel klargemacht hatte. Chirola fragte mehrmals nach, weil er glaubte, nicht richtig gehört zu haben. Danach mussten wir ihn zu viert festhalten, weil er Pipino zu Hackfleisch verarbeiten wollte, aber schließlich kriegte er sich wieder ein. Agustín und Matute sagten, sie seien raus, sie würden doch nicht alles, was wir in fünf Jahren erarbeitet hatten, aufs Spiel setzen, nur weil so ein Vollidiot nicht die Klappe halten konnte.

Aber Regeln sind Regeln, was soll man machen. Als der erste Ärger verraucht war, sahen wir ein, dass es kein Entkommen gab. Agustín protestierte noch schwach. Wir sollten an die mögliche Schmach denken und daran, wo wir uns die Fahne hinstecken konnten, wenn wir dieses Spiel verloren. Immerhin sei die Sache im letzten Schuljahr ziemlich ausgeglichen gewesen, sie hätten drei der acht Partien gewonnen, also sei die Gefahr, dass sie uns nass machten, ziemlich groß. Pipino solle das wieder ausbügeln, schließlich sei er es ja gewesen, der uns da reingeritten habe. Er hatte Recht. Bestimmt hatte er Recht. Aber da ergriff Pipí Dicroza das Wort, unser blutrünstiger Verteidiger. Wenn du einen Hund hast, sagte er, und dieser Hund beißt eine ältere Dame, musst du den Tierarzt blechen, da kannst du nicht den Dummen spielen, ist ja schließlich dein Hund. Dann schaute er Pipino an, damit wir die Allegorie auch ja begriffen. Damit war die Diskussion beendet. Wir mussten spielen. Schluss, aus, basta.

Aber unsere Probleme fingen da erst richtig an. Als wir uns am folgenden Samstag trafen, um vor der Schule ein bisschen zu kicken, fehlten Rubén, Cachito und Beto. Wir warteten eine Weile. Schließlich schickten wir Pipino los, der als Teil seiner Buße rausfinden sollte, was Sache war. Als er wiederkam, war er blass und sagte mit dünner Stimme nur: »Jahrgang 67.« Einige begriffen nicht, aber mir gefror das Blut in den Adern. Ich betrachtete die Gesichter um mich herum. Alle waren Jahrgang 68, bis auf Dicroza, der bei der Auslosung Glück gehabt hatte. Drei unserer Spieler mussten also zum Militär. Großartig, wirklich großartig.

Agustín versuchte Ruhe zu bewahren und fragte Pipino, ob er wisse, wo sie stationiert seien. Da entspannte sich Pipino ein bisschen. Offenbar hatte er noch eine gute Nachricht im Köcher. Lächelnd sagte er, Beto und Rubén seien im Distrikt von San Martín gelandet, weil ein Onkel seine Beziehungen habe spielen lassen, und könnten jederzeit raus. Mir wurde etwas mulmig, weil er verstummte und nichts über Cachito sagte. Agustín hakte nach. Die Antwort war ein Murmeln, das so leise war, dass wir ihn bitten mussten, es noch mal zu wiederholen. »Río Gallegos.« Das war's dann wohl. Wir versanken in düsteres Schweigen.

Dass wir uns auf dieses Endspiel eingelassen und diesen Arschlöchern die Chance eröffnet hatten, die Statistik zu überspringen und die Lorbeeren davonzutragen, war ein schwerer Patzer gewesen. Aber dass wir dieses Endspiel jetzt auch noch ohne Cachito im Tor bestreiten mussten, war, als würden wir uns den Revolver selbst an die Schläfe setzen. Ich wäre am liebsten tot umgefallen. Chirola hingegen nutzte die allgemeine Entgeisterung, um Pipino zu traktieren und so ein bisschen Spannung abzubauen. Aber selbst er wusste, dass uns damit nicht geholfen war.

Wir legten uns unter die Bäume, um über diesen Schicksalsschlag zu beratschlagen. Schließlich hatte jemand den Mut, zwei und zwei zusammenzuzählen, laut nachzudenken und zu dem Schluss zu kommen, dass wir Achával anrufen mussten, weil er der einzig verfügbare Mann war. Tano fragte, ob wir nicht lieber gleich zu zehnt antreten sollten, aber Agustín, der fleißigste Schüler von uns allen, winkte ab, der Platz sei hundertfünf auf siebzig und ein paar zerquetschte Meter groß, und auf so einer Pampa mache sich ein Spieler weniger zu sehr bemerkbar. »Alles gut und schön, aber Achával …«, sagte Tano und schüttelte zweifelnd den Kopf.

Wir diskutierten eine Dreiviertelstunde lang, auf welcher Position wir ihn aufstellen sollten. Schließlich kamen wir überein, dass die geringste Gefahr von ihm ausging, wenn wir ihn vor der Viererkette spielen ließen, um den Raum zwischen Mittelkreis und Abwehr etwas enger zu machen. Vielleicht konnte er einige konkrete Anweisungen umsetzen, zum Beispiel, »lass den Innenverteidiger nicht aus den Augen« oder »foul den Mittelfeldregisseur, aber möglichst weit weg vom Strafraum«. Vielleicht hatte er in all den Jahren sogar etwas gelernt.

Womit wir nicht gerechnet hatten, war, dass Achával Forderungen stellte. Als Agustín ihn anrief, sagte er zu, aber nur unter der Bedingung, dass er ins Tor durfte. Agustín wurde kalt erwischt. Achával bestand darauf, und Agustín blieb nichts anderes übrig, als nachzugeben. »Klar spielst du im Tor, das ist ja deine Stammposition.« Ich erinnere mich noch, wie Pipí ihn, als er davon erzählte, mit beiden Händen am Schopf packte und wie ein Irrer lachte, weil ihm die Nerven durchgingen. »Seine Stammposition? Sind bei dem jetzt alle Sicherungen durchgebrannt?« Vielleicht eine späte Rache, dachte ich. Immerhin hatten wir den Typen nie wieder in die Mannschaft berufen, und jetzt hatte er uns in der Hand. Er würde einen Ball nach dem anderen reinlassen, um es uns heimzuzahlen. Also ging ich zu ihm, um ihn zur Rede zu stellen.

Als er in der offenen Tür stand, nahm er mir gleich den Wind aus den Segeln. Er umarmte mich mit einem Engelsgesicht, freute sich wie ein Schneekönig, ließ mich kaum zu Wort kommen. Er sei gleich am Morgen Handschuhe und Stutzen kaufen gegangen. Unter der Woche arbeite er in Cañuelas, auf dem Acker einiger Onkel, aber ich solle mir keine Sorgen machen, er habe sie schon um Erlaubnis gefragt, und am Samstag würde er früh aufstehen, um rechtzeitig wieder da zu sein, ein bisschen auszuruhen und nach dem Mittagessen auf der Matte zu stehen. Dann bat er mich herein und machte für uns einen Matetee. Mir wurde furchtbar mulmig zumute, denn ich wusste nicht, wie ich ihm beibringen sollte, dass wir ihn als Abräumer vor der Abwehr vorgesehen hatten, weil er dort am wenigsten störte. Während der Teekessel pfiff, nahm ich ihn genauer in Augenschein. Er sah noch exakt so aus wie mit dreizehn. Hochaufgeschossen. Spindeldürr. Dünne, leicht krumme Beine. Schmaler Rücken, lange Arme. Vielleicht sollte er es mal mit Baseball versuchen, was weiß ich. Aber als Torwart beim Endspiel gegen die 5°1a? Nie und nimmer, keine Chance. Da sah er mich wieder mit seinem Engelsgesicht an und sagte: »Ich weiß, dass ihr damals meinetwegen verloren habt. Aber du kannst beruhigt sein, auf diese Gelegenheit habe ich ewig gewartet. Diesmal werde ich euch nicht in die Scheiße reiten.«

Wenn noch etwas gefehlt hatte, um mich wie das größte Arschloch aller Zeiten zu fühlen, dann diese Bemerkung. Seit fünf Jahren hatten wir ihn geschnitten, hatten ihn nie wieder bei uns mitspielen lassen. Und statt Rachepläne zu schmieden, ging es dem Typen einzig und allein darum, seine Schulkameraden aus der 5°2a nicht noch einmal zu enttäuschen.

Was sollte ich tun? Ich stand auf, umarmte ihn und sagte, er solle sich keine Gedanken machen, wir wüssten, dass er uns nicht im Stich lassen würde. Als er mich zum Eingangstor begleitete, fragte ich ihn wie nebenbei, ob er in all den Jahren irgendwo gespielt habe. Mit demselben seligen Lächeln um die Lippen verneinte er, das Spiel damals sei sein einziges gewesen, weil der Arzt ihm eher zum Joggen geraten habe.

Im Bus nach Hause quälte mich der Gedanke, dass wir damit die Partie schon verloren hatten, und das gegen unseren Erzgegner. Völlig unnötig, einfach nur, weil Pipino seine große Klappe nicht hatte halten können. Statt Cachito würden wir einen Kerl ins Tor stellen, der von Tuten und Blasen keine Ahnung hatte und in den vergangenen fünf Jahren nur Marathon gelaufen war. Und ich war der Vollidiot, der es den anderen irgendwie beibringen musste.

Als wir uns am Donnerstagnachmittag zum Training trafen, tat ich das Einzige, was in dieser Situation angemessen war. Ich log, dass sich die Balken bogen. Es sei alles geritzt, beruhigte ich die anderen, Achával habe sich richtig gemausert und es bis zur A-Jugend von Ferrocarril Oeste gebracht. Er warte jetzt auf Angebote. Mehr sage ich lieber nicht, es ist mir noch immer peinlich, wie ich damals gelogen habe. Noch dazu war ich so überzeugend, dass die Jungs, die gute Nachrichten bitter nötig hatten, sich spontan in den Armen lagen, auf und ab hüpften und Schlachtgesänge anstimmten. Sie waren ganz aus dem Häuschen. Einer hielt es plötzlich sogar für ein gutes Omen, dass Cachito seinen Militärdienst am Arsch der Welt ableistete. Ich reagierte nicht darauf. Wieso sollte ich ihnen die gute Laune vermiesen? Der Samstagnachmittag würde noch bitter genug werden.

Am Tag des Spiels waren wir früh auf dem Platz,

gleich nach dem Mittagessen. Um halb drei ging ich die Liste durch: Bis auf unseren neuen Star waren alle da. Die von der 5°1a grüßten wir nur aus der Ferne. Unglaublich, aber von manchen kannten wir nicht mal den Nachnamen, obwohl wir fünf Jahre lang auf die gleiche Schule gegangen waren. Was soll's, Krieg ist eben Krieg.

Als Achával gegen drei Uhr eintraf, lag ein Moment lang Spannung in der Luft. Die Jungs standen auf und reichten ihm die Hand. Vor ihnen stand die gleiche Bohnenstange wie früher, und allmählich dämmerte ihnen, dass die Sache mit der A-Jugend von Ferro geschwindelt war. Trotzdem begrüßten sie ihn herzlich. Und er lächelte zurück. Doch er wirkte blass, schaute uns aufmerksam, aber distanziert an, als sähe er uns hinter Glas. Der Kerl ist hypernervös, dachte ich. Aus dem Augenwinkel bemerkte ich, dass die von der 5°1a ihn erkannt hatten und die mit gutem Gedächtnis die anderen daran erinnerten, welch phänomenale Torwartleistung unser neuer Crack einst geboten hatte. Dann gab es eine Schrecksekunde, als nämlich Achával die Jacke und die lange Trainingshose auszog. Was ich sah, ließ mich wieder Mut schöpfen. Grünes, weites, leicht verwaschenes Sweatshirt. Kurze Hose, aber ohne Taschen. Fußballstutzen. Gut eingelaufene Turnschuhe. Das sieht ja schon mal besser aus als beim letzten Mal, dachte ich erleichtert.

Als die Partie losging, wurde schnell klar, dass die Jungs von der 5°1a alles daransetzen würden, ihre Schmach der vergangenen fünf Jahre in neunzig Minuten zu tilgen. Sie rannten los wie ausgehungerte Windhunde, gingen voll auf den Mann, sogar bei Abstößen, und schrien sich gegenseitig an, um die Spannung zu halten und keine dummen Fehler zu machen.

Und wir ... ach, wir! Es ist unglaublich, dass zehn Jungs, die ihr Leben lang zusammen kicken, die alle Tricks draufhaben, alle Gesten, die in der Lage sind, blind zu passen, weil sie einander in- und auswendig kennen, sich auf einen Schlag in einen Haufen Stümper verwandeln können. Die Nerven. Wir versuchten es zu verdrängen, aber es gelang uns nicht. Da haben wir zweiunddreißig Mal gegen die gewonnen, aber wenn wir dieses Spiel vergeigen, sind wir bis auf die Knochen blamiert. Dass Pipino ein Vollidiot ist, zählt nicht. Er spielt bei dir mit, er hat die Partie arrangiert. Diese eine Niederlage bringt dich um die Früchte all deiner Bemühungen. Als wärst du mitten im Spiel und lägst siebzehn zu null vorne, und plötzlich sagt einer, um die Sache ein bisschen spannender zu machen: »Wer das nächste Tor schießt, gewinnt.« Man will gar nicht glauben, dass es solche Idioten geben kann, aber es gibt sie. Und Pipino ist eine Art Denkmal zu Ehren dieser Sorte von Volltrotteln. Ich bekam es einfach nicht aus dem Kopf, und die anderen vermutlich auch nicht. Anders ist es nicht zu erklären, dass wir so beschissen spielten. Wir brachten keine zwei Pässe am Stück zustande. Selbst die Einwürfe landeten beim Gegner, gar nicht zu reden von den Abprallern. Dicroza zum Beispiel spielte wie ein schüchternes Mädchen, eine Ballerina, der Blitz möge ihn treffen.

In der fünften Minute der ersten Halbzeit sah ich auf die Uhr. In der siebten kamen sie zum ersten Mal gefährlich vors Tor. Kurz vor dem Sechzehner entstand heilloses Chaos. Zamora zog mit rechts ab, mit dem Spann, und der Ball schoss aufs Tor zu wie aus einer Bazooka abgefeuert.

Ich betete. Der Ball knallte an die Latte und sprang kurz vor der Linie auf. Achával, der irgendwie noch seine Finger drangehabt hatte, sah den Ball an wie ein fremdes, feindliches, nicht klassifizierbares Objekt, das ganz in seiner Nähe durch die Luft sauste. Chirola klärte im letzten, wirklich allerletzten Moment zur Ecke. Als sie ausgeführt wurde, musste ich an Acháváls Faustabwehr von damals denken, und mir war plötzlich zum Heulen zumute. Ich wusste nicht, ob ich einen Schützengraben ausheben, die Polizei anrufen oder die Mannschaft vom Feld beordern sollte. Es war egal. Der Eckball kam herein, direkt auf den ersten Pfosten, von wo aus Reinoso ihn mit dem Kopf auf einen der langen Lulatsche am zweiten Pfosten weiterleitete. So ein Ball bereitet jedem Torhüter Probleme. Aber für Achával war er ein Ding der Unmöglichkeit. Ich schloss die Augen.

Als ich sie wieder öffnete, leerte sich der Strafraum. Chirola bot sich rechts an, Agustín links. Die Gegner liefen rückwärts auf ihr Tor zu. Am Rand des Fünfmeterraums stand – den Ball unterm Arm, breitbeinig, Kaugummi kauend und mit hochmütigem Blick – Juan Carlos Achával. Gottes Liebe ist unermesslich, dachte ich. Wir waren noch mal davongekommen.

Leider ging die Sache jetzt erst richtig los. All die dummen Fehler, die wir in den vergangenen fünf Jahren nicht begangen hatten, wollten wir an diesem beschissenen Nachmittag offenbar nachholen. In der zwanzigsten Minute fingen wir uns einen Konter und ließen Pantani entwischen, der allein auf Achával zulief. Zu allem Unglück ist dieser Pantani die Kaltschnäuzigkeit in Person. Statt einfach draufzuhalten, nahm er Achával ins Visier, täuschte links an und wollte rechts vorbeigehen. Ich kann es bis heute nicht glauben. Im Bruchteil einer Sekunde war Achával mit seinen ein Meter achtzig und ein paar zerquetschten am Boden und hatte den Ball unter sich begraben. Da bejubelten wir ihn zum ersten Mal. Er strahlte, als er wieder stand. Es war so, als stärkte ihn jede geglückte Aktion, denn allmählich wurde er lockerer, bekam etwas Farbe ins Gesicht. Als er in der dreißigsten Minute einen Freistoß von González per Übergreifer zur Ecke lenkte, wunderte mich gar nichts mehr. Es war, als hätte ich es nicht anders erwartet. Wie wenn man blindes Vertrauen in seinen Torwart hat. Wie in Cachitos besten Tagen. Kurz vor Ende der ersten Halbzeit, als er wieder mal eine Eins-zu-eins-Situation gemeistert hatte, brach selbst ich, der ich schweigsamer bin als ein Fisch, in lauten Jubel aus.

Als er in der dritten Minute der zweiten Halbzeit einen Kopfball von Zamora aus nächster Distanz parierte, den diese Schwachköpfe schon bejubelten, sagte ich mir: Heute gewinnen wir. Fußballweisheiten. Wenn eine Mannschaft die ganze Partie lang auf ein Tor spielt und keinen reinmacht, rächt sich das. Beim ersten Gegenangriff fängt man sich eins. Und so war es auch. Natürlich war es kein Traumtor. So beschissen, wie wir an diesem Nachmittag spielten, durfte man das auch nicht erwarten. Nach einer Ecke stocherten viele Beine nach dem Ball. Pipino hielt schließlich drauf, der Ball wurde von einem Innenverteidiger abgefälscht, ging an den Pfosten und kullerte schließlich über die Linie. Natürlich jubelten wir, als hätten wir das Tor des Jahrtausends geschossen. Die anderen konnten es nicht fassen. Aber jetzt mussten wir noch mehr auf der Hut sein: Sie waren gereizt, aber nicht verzweifelt. Immerhin blieben ihnen noch fünfunddreißig Minuten. Bis jetzt hatten sie zehn Torgelegenheiten gehabt, also konnten sie sich ausrechnen, dass sie noch fünf weitere bekommen würden.

Sie täuschten sich: Sie hatten zu niedrig angesetzt. Ich zählte vierzehn Chancen. Und gab dann das Zählen auf, weil ich die Nase voll hatte. Insgesamt müssen es um die zwanzig gewesen sein. Wir stellten uns hinten rein, als wären wir Chaco For Ever und führten im Maracaná mit eins zu null. Völlig idiotisch, aber so war's nun mal. Wir erreichten mit dieser Taktik nur, dass wir Blut und Wasser schwitzten. Unser Mittelstürmer stand beschäftigungslos am Anspielkreis, und zwar auf unserer Seite. Auf dem Feld hätte man Warnschilder anbringen müssen: Achtung, abschüssiges Gelände. Wir droschen den Ball hinten raus, und nach zwanzig Sekunden rollte er wieder auf uns zu.

Zum Glück hatten wir Achával. Ja, kaum zu glauben. Der Einzige, der in diesem Sturm kühlen Kopf behielt und glänzend reagierte, war er. Er parierte einen Ball nach dem anderen, dirigierte lautstark die Viererkette, provozierte die gegnerischen Stürmer, um sie zu entnerven. Der Kerl fühlte sich wie ein Fisch im Wasser, als wäre er im Fünfmeterraum zu Hause. In der fünfzehnten Minute lenkte er einen Ball über die Latte, den jeder andere, auch Cachito, nie und nimmer gehalten hätte. In der zweiundzwanzigsten Minute fischte er einen flachen Pass in die Mitte weg, den vier Jungs von der 5°1a einfach nur hätten einzuschieben brauchen. In der dreißigsten Minute flog er wie ein Adler in die rechte Ecke, um einen strammen Schuss abzuwehren. Je mehr Schüsse er aufs Tor bekam, desto grandioser hielt er. Eine Flanke nach der anderen segelte in den Strafraum, und Achával pflückte sie alle runter.

In meinem ganzen Leben habe ich keinen Torwart gesehen, der so gut gehalten hat wie Juan Carlos Achával an diesem Nachmittag. Sein Gesicht war wie verwandelt. Es glühte vor Freude, vor Anspannung, vor Stolz über unsere Anfeuerungsrufe. Wir bejubelten seine Paraden, als wären es Tore. Wir waren buchstäblich in seiner Hand, und das wusste er. Schlimm war allerdings, dass wir ihn überhaupt nicht unterstützten. Wir stellten uns nach wie vor hinten rein und spielten auf Zeit. Nur dass die Zeit sich zog wie Kaugummi.

In der fünfunddreißigsten Minute kam es mir so vor, als wären wir in der fünfundzwanzigsten Minute der Nachspielzeit. Ich erinnere mich noch genau, weil

Agustín mir in diesem Augenblick zurief: »Noch zehn Minuten. Wir müssen sie weiter vorne abfangen.« Ich hatte nicht mal Zeit, ihm zu antworten, weil mir das, was ich gerade sah, das Blut in den Adern gefrieren ließ. Der Mittelstürmer der anderen war unseren beiden Innenverteidigern enteilt und drang in den Strafraum ein. Achával verkürzte zwar gut den Winkel, aber zum ersten Mal an diesem Nachmittag erwischte er den Ball nicht, als er umkurvt wurde und sich schmiss. Jetzt war es so weit: Unser Torhüter lag auf dem Boden, der Stürmer war an ihm vorbei. Vermutlich fragt sich Urruti (der Gleiche, der bei dem fatalen sieben zu drei seinerzeit das erste Tor geschossen hatte) heute noch, wie es passieren konnte, dass er nur Luft trat, wo eigentlich der Ball hätte sein sollen. Bestimmt hat er nicht gesehen (konnte er nicht sehen, weil niemand es gesehen hat), wie Achával aufsprang, sich ihm pfeilschnell vor die Füße warf und mit dem Handgelenk den Ball wegtippte, ohne seinen Fuß auch nur zu berühren. Poesie. An diesem Nachmittag war Achával die reinste Poesie.

Nach diesem Spielzug war die Partie wie beendet. Die restlichen Minuten waren nur noch Mittelfeldgeplänkel, gefährlich vors Tor kamen sie nicht mehr. Es war, als dächten sie: Wenn wir dieses Tor nicht gemacht haben, machen wir heute keins mehr. Vermutlich entspannten auch wir uns, denn anders ist es nicht zu erklären, wie wir zwei Minuten vor Abpfiff diesen dummen Eckball kriegten. Zamora, dieser Blödmann, trat ihn gut. Angesäuert, wie er war, weil Achával alle

Flanken runterholte, schoss er den Ball diesmal lang und hoch. Wie gesagt, wir waren an diesem Nachmittag nicht mal imstande, eine altersschwache Schnecke aufzuhalten. Wir glotzten also nur blöd, als der Ball über uns hinwegsegelte. Er kam direkt auf Rivero, ihren Torwart, der halbrechts rund einen Meter außerhalb des Strafraums stand. Ich bin mir sicher: Normalerweise trifft Rivero von siebenhundert derartig geflankten Bällen dreihundert nicht, und die anderen vierhundert jagt er in die Wolken. Aber ausgerechnet diesmal erwischte er ihn voll und drosch ihn flach aufs rechte Eck. Nur zur Erinnerung: Achával war lang, dürr und tollpatschig. Aber der grüne Fleck seines Sweatshirts knapp über dem Boden verriet mir, dass er auch den halten würde. Der Ball war so scharf geschossen, dass er von Acháváls Hand zum Elfmeterpunkt zurücksprang. Als dieser verfluchte González, der von den zweiundzwanzig Spielern auf dem Platz die beste Schusstechnik hatte, mit dem Innenrist seines linken Fußes in Richtung linkes Eck abzog, war das unser Todesurteil. Sosehr Achával das Spiel seines Lebens bestritt: Er konnte unmöglich in einer Viertelsekunde am rechten Pfosten aufstehen und in den linken Winkel fliegen, um dieses Geschoss abzufangen.

Gott sei Dank schloss ich diesmal nicht die Augen. Denn was ich sah, wird eine der fünf oder sechs Erinnerungen sein, die ich mit ins Grab nehmen werde. Zunächst der Ball, nur der Ball, wie er zum Torwinkel aufsteigt. Dann eine Gestalt, die sich diagonal in diese Richtung wirft, die Arme eng am Körper, um möglichst viel Schwung zu bekommen. Dann die Arme, die sich öffnen wie die Flügel eines Schmetterlings in grünem Sweatshirt, die Hände, die zwei perfekte Halbkreise beschreiben und sich finden, der glänzend weiße Ball, der die Flugbahn verändert und zwanzig Zentimeter über die Latte geht.

Nach dem Abpfiff rannte ich sofort auf Achával zu. Ich war nicht der Einzige. Alle stürmten wir auf ihn zu und umringten ihn, als er sich gerade am Pfosten die Handschuhe auszog. Wir ließen ihn hochleben, als hätte er uns gerade zum Meistertitel geschossen. Achával lächelte von seinem bescheidenen Olymp herunter und ließ sich durch die Gegend tragen.

Als er sich aus den Umarmungen gelöst hatte, ging ich zu ihm, um ihm persönlich zu gratulieren. Ich wusste nicht recht, was ich ihm sagen sollte, aber ich wollte ihn um Verzeihung bitten: dafür, dass wir ihn in all den Jahren geschnitten hatten, dass wir ihm nach dem katastrophalen Debüt nie wieder eine Chance gegeben hatten. Als ich ihm die Hand reichte und zum Sprechen ansetzte, schnitt er mir mit einem Lächeln das Wort ab: »Du brauchst dich nicht zu entschuldigen, Dany. Alles okay.« Als ich nicht lockerließ, wiederholte er noch einmal: »Alles okay, Daniel, wirklich. Das habe ich gebraucht. Danke für die Einladung.«

Wir baten ihn fünfzig Mal, noch dazubleiben und ein Bier mit uns zu trinken, aber er sagte, er müsse gleich los, zurück nach Cañuelas. Wir bedrängten ihn, das könne er uns nicht antun, wir hätten in der Pizzeria im Bahnhof für den Abend einen Tisch reserviert, die Mädchen aus der Klasse würden auch kommen. Wieder lächelte er. Er küsste uns auf die Wange und verabschiedete sich mit einem »Also, wir sehen uns dann später«. Meine innere Stimme sagte mir, dass er nicht in der Pizzeria auftauchen würde.

Um sieben war ich zu Hause, gerade rechtzeitig, um gründlich zu duschen, mich anzuziehen und wieder aufzubrechen, denn wir hatten acht Uhr ausgemacht. Ich holte Gustavo ab, und gemeinsam gingen wir bei Chirola vorbei. Einen Häuserblock von der Pizzeria entfernt kamen uns Alejandra und Carolina entgegen. Wir sahen, dass sie Rotz und Wasser heulten. Gustavo fragte, was los sei.

»Wie? Wisst ihr es noch nicht?« Alejandras Stimme klang durch das Schluchzen irgendwie gepresst. Unsere überraschten Gesichter verrieten ihr, dass wir nicht die leiseste Ahnung hatten. »Juan Carlos … Juan Carlos Achával … Er ist auf dem Weg hierher ums Leben gekommen.«

Ich fühlte mich, als hätte ich gerade einen Schlag mit dem Dampfhammer auf den Schädel bekommen.

»Was? Du meinst wohl auf dem Weg nach Cañuelas«, hörte ich wie durch einen Nebel Gustavo sagen.

»Nein, Kleiner.« Carolina sagt zu allen Kleiner. »Auf dem Weg hierher, heute Morgen in der Früh.«

Chirola sah mich verständnislos an, und Gustavo sagte, das könne nicht sein.

»Wenn ich's dir doch sage«, presste Carolina trotzig hervor. »Ich hab mit der Schwester gesprochen, und die hat mir gesagt, er sei im Morgengrauen mit dem

Pritschenwagen ihres Onkels aufgebrochen, um rechtzeitig zu eurem Spiel da zu sein.«

Ich nehme an, dass mein Blutdruck schlagartig in den Keller sank. Um nicht umzukippen, setzte ich mich auf den Bordstein. Ich begriff überhaupt nichts mehr. Die Mädels mussten sich irren. Was sie da sagten, konnte nicht sein. Unmöglich.

Da erinnerte ich mich an den Nachmittag. An den Ball, den Achával über die Latte gelenkt hatte. Und an den, den er mit einem Übergreifer aus dem rechten Winkel geholt hatte. Und an den, den er dem kleinen Urriti von den Füßen weggeangelt hatte. Und vor allem an die doppelte Glanzparade gegen Rivero und González. Ich hatte das Bild vor Augen, wie Juan Carlos Achával von einem Pfosten zum anderen flog, wie er mit den grünen Flügeln seines Sweatshirts sieben Meter lang in der Luft schwebte, an den glänzenden Ball und an sein Lächeln. Und da begriff ich.

GENAU SO EIN LÄCHELN

Bis jetzt hast du sieben Mal gelächelt. Natürlich habe ich mitgezählt. Kaum zu glauben, wie lange ich dich schon schwindlig quassle, und dein Lächeln ist – wie mir scheint – die einzige Spur, die mir zeigen kann, ob ich gut im Rennen liege oder längst verloren habe.

Das erste Lächeln war leicht. Schwierig wurde es danach. Dein erstes Lächeln war automatisch, unpersönlich. Es war eine Reaktion auf mein Lächeln. Fast ein unfreiwilliges Nachahmen. Ein junger Typ kommt zu dir an den Tisch, stellt sich vor dich hin und sagt lächelnd hallo, und du, die du abwesend nach draußen gesehen hast, wachst aus deiner Versunkenheit auf und reagierst mit einem gleichen oder ähnlichen Lächeln.

Ab da wurde es komplizierter. Dir das zweite Lächeln zu entlocken war schon viel schwieriger. Denn dieser Unbekannte, der ich war – und nach wie vor bin –, bat dich, weiterhin lächelnd, um Erlaubnis, sich auf den freien Stuhl an deinem Tisch setzen zu dürfen. Nicht lange – versprach ich –, nur ein paar Minuten. Ich müsse dir etwas sagen. Da verschwand aus deinem Gesicht das Lächeln der ersten Reaktion, des Grußes, das Lächeln, das nur ein Echo auf meines war, und wich einem Befremden, einer Unsicherheit, einem leichten

Stirnrunzeln, einem Hauch von Angst. Was wollte dieser Fremde? Wo kam er plötzlich her?

Weil ich deinem Blick standhielt, weil ich diesen peinlichen Moment ertrug, gerade wegen des Blicks, nicht dieses Blicks, sondern eines anderen Blicks, der den gleichen Augen entsprungen war – des Blicks, den du hattest, als du nach draußen sahst, ohne jemanden zu sehen, weder mich noch sonst jemanden, just in dem Moment, als ich die Suipacha entlanglief –, weil ich ihm standhielt, sah ich, dass du drauf und dran warst, nein zu sagen. Wo gibt's denn auch so was, dass eine Frau einen Fremden einfach so an ihrem Tisch sitzen lässt, vor allem dann, wenn dieser Fremde einen zerknitterten Anzug trägt, die Krawatte gelöst hat und ihm der Schweiß im Gesicht steht.

Du wolltest nein sagen, und gezögert hast du nur, weil ich dir ein bisschen leidtat. Ebendeswegen, weil ich an deinem Gesicht ablesen konnte, dass du nein sagen wolltest, obwohl ich dir leidtat, hob ich leicht die Hände, um dir zuvorzukommen, und bat dich, dir von den Uruguayern im Maracaná erzählen zu dürfen.

Darauf warst du nicht vorbereitet. Konntest du auch nicht sein. Wer soll auf so etwas vorbereitet sein? Dir wäre es auch nicht wunderlicher vorgekommen, wenn ich gesagt hätte, ich wollte dir von der Sägemehlherstellung auf der Grundlage von Butter oder von der drohenden Invasion der Marsmenschen erzählen. Aber die Überraschung hatte, wie mir scheint, den positiven Effekt, dass du einen Augenblick davon absahst, mich abzuweisen. Und in diesem Augenblick, wie auch im weiteren Verlauf dieser verrückten halben Stunde, hatte ich keine Alternative, als weiterzumachen. Hast du schon mal gesehen, wie kleine Kinder sich heimlich an die Beine ihrer Mutter klammern, die gerade mit etwas anderem beschäftigt ist, damit sie hochgenommen werden, und sei es aus Reflex und ohne dass sich die Mutter von ihrer Beschäftigung ablenken lässt? Etwa so setzte ich mich auf den Stuhl dir gegenüber. Ohne mit dem Sprechen aufzuhören, ohne den Blick von dir zu wenden, ohne die Ellenbogen auf die Tischplatte zu stützen, damit meine Landung ja nicht zu abrupt wirkte.

Um es zu überspielen, hatte ich keine andere Wahl, als mich ins Reden zu flüchten, auch wenn ich nicht wusste, wo ich anfangen und wie ich fortfahren sollte. Zuerst beschwor ich das Bild herauf, das mich sofort in den Bann gezogen hatte, als ich zum ersten Mal von dieser Geschichte hörte: elf Spieler im himmelblauen Trikot auf einem Fußballfeld, umgeben von zweihunderttausend Brasilianern, die sie wütend niederbrüllen, kurz vor dem Anpfiff eines Spiels, das sie nie und nimmer gewinnen können.

Damit fing ich an und legte dann eine Pause ein, denn hätte ich weiter Wort auf Wort gehäuft, hätte das Bild seine Kraft verloren. Ich bemerkte, dass dein Interesse geweckt war, nicht durch mein Erzähltalent, sondern weil der Beginn so schön und so vielversprechend war, dass jeder, der ihn hörte, gar nicht anders konnte, als wissen zu wollen, wie es mit diesen elf Männern weiterging.

Nun schien mir der Augenblick gekommen, einige Details vorauszuschicken, damit du die Situation besser einordnen konntest. »1950«, sagte ich, »Fußballweltmeisterschaft, das letzte Spiel Brasilien gegen Uruguay, Río de Janeiro, 16. Juli, nachmittags um halb vier.«

Da hast du zum zweiten Mal gelächelt. Ein befremdetes, vielleicht verlegenes, im schlimmsten Fall mitleidiges Lächeln, aber immerhin ein Lächeln. Du hattest keine Angst mehr, dieser geschwätzige Typ im grauen Anzug könnte ein Serienmörder oder Psychopath sein. Vielleicht war er ein Idiot, vielleicht aber auch nicht. Und die Geschichte hörte sich gut an. Deswegen schilderte ich dir die Hintergründe, erzählte dir, dass Brasilien auf dem Weg in dieses entscheidende Spiel Schweden mit sieben und Spanien mit sechs Toren abgefertigt hatte. Und dass Uruguay Schweden mit einem Tor Unterschied besiegt und gegen Spanien unentschieden gespielt hatte. Und dass den Brasilianern ein Unentschieden reichte, um zum ersten Mal Fußballweltmeister zu werden.

Hier legte ich wieder eine Pause ein, denn mir schien, dass du nun genügend Informationen hattest, damit die Geschichte in deinem Kopf Gestalt annehmen konnte. »Weißt du, was ein uruguayischer Funktionär den Spielern sagte, bevor sie aufs Feld gingen, um das Finale zu spielen?«, fragte ich dich. Du wusstest es natürlich nicht, wie auch. »›Versucht, nicht zu hoch zu verlieren. Seht zu, dass ihr euch nicht mehr als vier Tore fangt.‹ Das hat er zu ihnen gesagt. Sie sollten ihm die Schmach ersparen, mit sechs oder sieben Toren unterzugehen. Kannst du dir das vorstellen?«, fragte ich dich. Du nicktest, und ich hätte sterben können vor Glück, denn du stelltest dir vor, was ich dir gerade erzählte, und da, in diesem Moment, vor etwa zwanzig Minuten, schoss mir der Gedanke durch den Kopf, dass dies die erste Unterhaltung unseres Lebens war. Du hast vor mir gesessen, oder besser gesagt, du hast mir gestattet, vor dir zu sitzen, weil ich dir von den Uruguayern erzählte. Diese Geschichte war der Garant dafür, dass ich nicht im Feuer deiner Augen verbrannte, deshalb erzählte ich weiter.

»Die elf Männer im himmelblauen Trikot liefen aufs Feld, um eine Formalität zu erledigen: zu verlieren und nach Hause zu fahren. Dafür war das Maracaná gebaut worden, dafür brachten es alle Zeitungen auf der Titelseite, dafür begrüßte der Präsident der FIFA die Champions auf Portugiesisch, dafür hatte sich die größte Zuschauermenge versammelt, die je ein Fußballstadion gesehen hatte, dafür ließen die Böller den Boden erbeben. Die Musikkapelle, die die Nationalhymne des Siegers spielen sollte, hatte nicht einmal die Partitur der uruguayischen Hymne parat, das sagt ja schon alles.«

Du hast große Augen gemacht, und ich sagte, du solltest nicht so große Augen machen, sonst würde mich die Expansionswelle noch umwerfen. Da hast du zum dritten Mal gelächelt, sogar deine Wangen färbten sich leicht rot, um das kitschige Kompliment eines Vorstadtjungen zu verdauen. Vermutlich wurde auch ich – der ich endgültig verliebt war – rot und zog mich aus der Schlinge, indem ich dir weiter von der Partie erzählte oder von dem, was man über die Partie weiß oder nicht weiß und deshalb kollektiv hinzugedichtet hat. Ein Brasilien, wie man es kennt: entschlossen, alle Gegner zu zermalmen, alle Nationalteams zu verschlingen, den anderen die Bude vollzuschießen und schnell die neunzig Minuten zu überbrücken, die es vom Ruhm trennt. Ein Uruguay, das klein ist, das stört, ein lästiges Hindernis auf dem Weg zum Paradies. Ein Uruguay, das diszipliniert auftritt, die Räume eng macht, alle Löcher stopft, und eine erste Halbzeit, die null zu null endet, aber das ist nicht so schlimm, denn das Unentschieden reicht Brasilien.

»Die zweite Halbzeit beginnt, und in der zweiten Minute schießt Friaca ein Tor für Brasilien.« Ich kniff die Lippen zusammen und machte eine Geste, die besagte: Das war's, Schluss, aus und vorbei. Und du hast sie richtig gedeutet, denn du wurdest ein bisschen traurig.

»Stell dir vor, was für ein Hexenkessel das Maracaná nach dem eins zu null war. Uruguay musste jetzt zwei Tore schießen, und es war viel wahrscheinlicher, dass Brasilien noch vier reinmachte, bevor die armen Jungs auch nur in die Nähe des gegnerischen Strafraums kamen.«

Ich glaube, das war der schwierigste Moment. Ich meine nicht das Finale. Ich meine unser Gespräch oder vielmehr meinen Monolog. Vielleicht klingt es in deinen Ohren lächerlich – wahrscheinlich klingt in deinen Ohren alles, was ich hier erzähle, lächerlich –, aber als ich dieses Tor von Friaca heraufbeschwor, die überschäumende Freude, die um die geschlagenen elf Uruguayer aufbrandete, spürte ich die tödliche Kälte der Niederlage am eigenen Leib. Ich war drauf und dran aufzugeben, dir die Hand zu reichen und mich unter dem Vorwand, ich hätte schon genügend von deiner Zeit gestohlen, davonzuschleichen. Ich weiß nicht, ob dir das schon mal passiert ist: dass du dich begeistert in etwas hineinsteigerst und diese Begeisterung plötzlich platzt wie eine Seifenblase. So fühlte ich mich in diesem Augenblick.

Da rettete mich dein viertes Lächeln. Erst sah ich es nicht, weil ich auf deine leere Kaffeetasse und dein halbleeres Wasserglas starrte. Du fragtest: »Und?«, weil du wissen wolltest, was dann passiert war, also sah ich auf. Dein Kopf ruhte auf deiner Hand und dein Ellenbogen auf dem Tisch und dein Blick auf mir. Deine Lippen umspielte noch dieses neugierige Lächeln derer, die unbedingt die Fortsetzung der Geschichte hören will.

Mir blieb nichts anderes übrig – im Grunde traf ich die Wahl bewusst, aber manchmal entscheidet man sich leichter, wenn man denkt, man kann nicht anders –, als den Ball aus dem Tor zu holen und den Anstoß auszuführen. Gerade eben, vor fünfzehn Minuten, habe ich ihn ausgeführt: 1950, in Río, Obdulio Varela. Der Kapitän der Himmelblauen. »Angeblich soll er fünf Minuten mit dem Schiedsrichter debattiert haben, um die aufgeheizte Stimmung im Stadion etwas abzukühlen«, sagte ich. »Aber diesen Nachmittag umweben so viele Legenden, dass ich nie zum Ende käme, wenn ich dir alle erzählen würde. Diese armen Uruguayer haben im Laufe ihres Lebens wahrscheinlich mehr Speichel darauf verwendet, die Märchen zu entkräften, als zu erzählen, was tatsächlich passiert ist.«

Die Partie wurde wieder angepfiffen. Auch ich nahm den Ball wieder auf. »Die Sache schien gelaufen«, erläuterte ich dir. »Uruguay hat sich in der ersten Halbzeit wacker geschlagen. Jetzt aber ist das erste Tor gefallen, und das zweite, dritte, vierte werden folgen. Jetzt bekommt die Geschichte ihr Recht, jetzt wird sie ihren Lauf nehmen.«

Aber das Schicksal will es anders. Denn dieses Tor, das Friaca gerade geschossen hat, ist nicht nur das erste für Brasilien an diesem Nachmittag. Es ist auch das letzte. Natürlich weiß es noch niemand. Weder die Brasilianer, die spielen, noch die Brasilianer, die zuschauen, noch die, die zuhören. Nur den elf Himmelblauen scheint es klar zu sein.

So klar, dass sie ungerührt weiterspielen. Als wäre die Welt jenseits der weißen Kalklinien nicht mehr existent. Vielleicht weil sie entschlossen sind, einfach nur Fußball zu spielen, entwischt Ghiggia an der rechten Seitenlinie dem Verteidiger, flankt nach innen, und Schiaffino überwindet Barbosa im Tor der Brasilianer, der, ohne es zu wissen, gerade den Anfang seines Endes erlebt; noch wird es fünfzig Jahre dauern, bis er tatsächlich stirbt.

Ich weiß nicht, ob es in anderen Sportarten auch so

ist. Nichts ist für immer, nichts ist endgültig, nichts ist unmöglich. Ist Fußball deshalb so schön? Noch zehn, neun Minuten, und Brasilien ist Weltmeister. Aber Ghiggia passt zu Pérez, der ihn wie beim ersten Tor steil die rechte Außenbahn entlangschickt. Der himmelblaue Mittelstürmer bekommt es mit Bigode zu tun und umspielt ihn, gerät aber gefährlich nah an die Torauslinie, wodurch der Winkel zu steil wird. Alles spricht dafür, dass Ghiggia in die Mitte passen wird. Das erwarten seine Mitspieler, die ungeduldig den Ball fordern. Das erwarten die brasilianischen Verteidiger, die sie zu decken versuchen. Und das erwartet auch der arme Barbosa, der sein Gewicht leicht nach rechts verlagert.

Da hast du zum fünften Mal gelächelt. Aus Nervosität. Fehlte nur noch, dass du aufstehst, um besser sehen zu können, wie die Zuschauer auf der Tribüne, wenn es brenzlig wird. Dies war das Lächeln, das am wenigsten mir galt. Aber das störte mich nicht, ganz im Gegenteil. Dieses Lächeln gehörte voll und ganz Ghiggia, um ihn anzufeuern, damit ihm gelang, was eigentlich unmöglich war: den Ball ins kurze Eck zu schießen, zwischen Barbosa und den Pfosten. Du hast auch noch gelächelt, als er mit erhobenen Armen losrannte, allein, weil seine Mitspieler einfach nicht glauben konnten, dass der Ball dort reingegangen ist, wo eigentlich keine Lücke war.

Der Rest war schnell erzählt. Das Publikum verstummte vor Schreck, die brasilianischen Spieler spürten einen kalten Würgegriff am Hals. Da hast du zum sechsten Mal gelächelt. Diesmal zuversichtlich. Du hattest verstanden, wie die Geschichte ausgehen würde, wolltest nur noch, dass ich es dir bestätigte. Ich berichtete dir von einer letzten Legende, die vielleicht auch nicht wahr war, aber so schön, dass ich sie dir nicht vorenthalten wollte. Als die Zeit um war, kam eine Flanke in den Strafraum von Uruguay. Der Uruguayer Schubert Gambetta riss die Arme in die Luft und fing den Ball mit den Händen. Seine Mitspieler waren fassungslos. Wie konnte er in einem Weltmeisterschaftsfinale Sekunden vor Abpfiff einen so kindischen Elfmeter verschulden? Sie schnauzten ihn an, beschimpften ihn. Gambetta schaut sie verständnislos an, verteidigt sich, vielleicht brüllt er, vielleicht weint er. Er drängt sie, zum Schiedsrichter zu gucken, fragt sie, ob sie es nicht gehört hätten. Es mag unglaublich erscheinen, aber Gambetta ist der Einzige, der in dieser Geräuschkulisse – der Ball, die Stimmen, die Panik – den Pfiff gehört hat. Endlich begreifen die anderen, dass es stimmt: Die Partie ist zu Ende, Uruguay ist Weltmeister.

Nach dem Wort »Weltmeister« hielt ich eine Sekunde inne. Da hast du zum siebten Mal gelächelt, strahlend, im Überschwang der Freude darüber, dass diese elf Männer im himmelblauen Trikot allen Fallen des Schicksals ausgewichen sind und mit dem Cup nach Montevideo zurückkehren werden. Der Igel, der dem Hasen ein Schnippchen schlägt, der Bettler, der sich in einen Prinzen verwandelt, David gegen Goliath, nur mit dem Ball.

Wenn Brasilien gewonnen hätte, würde sich kaum noch jemand an den 16. Juli 1950 erinnern. Das Normale gerät schnell in Vergessenheit. Doch der Sieger hieß Uruguay. Wäre die Partie tausend Mal ausgetragen worden, hätte Uruguay neunhundertfünfzig Mal verloren und neunundvierzig Mal unentschieden gespielt. Aber Gott hat diese eine Möglichkeit gewählt: Uruguay landet den größten Knaller in der Geschichte des Fußballs. Über ein halbes Jahrhundert später setze ich mich zu dir an den Tisch und erzähle dir davon.

Heute ist der 28. Juli. Wenn du jetzt zu mir sagst, ich soll aufstehen und gehen, könnte es genauso gut der 37. November sein. Das mit dem 37. November habe ich dir gerade eben gesagt, vor zwei Minuten, aber dein Lächeln erstarb im Keim, weil du meinen Gesichtsausdruck gesehen und es dir verkniffen hast. Denn jetzt ist es mir ernster als in den gesamten dreißig Minuten, die ich dir nun schon gegenübersitze. Wenn du mir jetzt sagst, dass ich gehen soll, stehe ich auf, lege drei Pesos auf den Tisch, hebe zum Abschied kurz den Arm und verschwinde die Suipacha entlang in Richtung Lavalle. Und du siehst wieder durch die Fensterscheibe. Aber pass auf, wenn du wieder diesen Blick hast, wird jemand anders auftauchen, sich spontan in dich verlieben und eintreten. Wenig wahrscheinlich, dass er dir eine Geschichte erzählt, wie ich sie dir gerade erzählt habe, aber irgendwas wird ihm schon einfallen, um dich bei der Stange zu halten. Na ja, nehmen wir an, dass es doch nicht passiert und die anderen Männer dich in Ruhe lassen. In dem Fall wird es nur ein paar Minuten dauern, dann verblassen in deinem Gedächtnis die Färbung meiner Stimme und die Details meines Gesichts.

Jetzt kommt der schwierigste Teil. Bis hierhin konnten mich die Uruguayer begleiten. Von jetzt an ist das unmöglich. Dabei scheint es für diese elf Männer kaum etwas zu geben, das unmöglich ist. Was jetzt noch fehlt, ist meine Sache. Oder meine und deine, jedenfalls nicht mehr ihre.

Was jetzt noch fehlt, ist das Ende. Oder der Anfang, je nachdem, wie man es betrachtet. Was jetzt noch fehlt, ist, dir von mir zu erzählen, wie ich vor fünfundzwanzig Minuten wie ein Irrer die Suipacha in Richtung Corrientes gelaufen bin. Ich war zu spät dran, viel zu spät, denn heute ist alles wie verhext, seit ich am Morgen die Augen geöffnet habe. Erst ist der Wecker kaputt oder ich habe vergessen, ihn zu stellen, dann knalle ich mit der Stirn an die Türkante, dann fahren mir zwei Busse wegen Überfüllung vor der Nase weg, dann nehme ich verzweifelt die U-Bahn, um nicht total zu spät zur Arbeit zu kommen, was dazu führt, dass ich von der Rivadavia und nicht von der Paraguay aus die Suipacha entlangrenne, dann die Ampel an der Corrientes, die, zehn Sekunden bevor ich die Straßenecke erreiche, umschaltet, und die Autos, die losfahren. Dann stehe ich da und stütze mich auf meine Schenkel, um wieder zu Atem zu kommen, drehe mich von der Straße weg, und mein Blick fällt auf das Café und deinen Ellenbogen auf dem Tisch und deinen Kopf auf deiner Hand und deinen Blick durch die Fensterscheibe, der ins Leere geht.

Was ich zuerst dachte, ist nicht so wichtig. Oder doch, aber das ist nicht der richtige Moment, es dir zu sagen. Vielleicht ein andermal, irgendwann. Kommt drauf an.

Eines aber kann ich dir erzählen: Während ich hin- und hergerissen war, ob ich weiter zur Lavalle rennen oder eintreten und dich ansprechen sollte, kamen die Uruguayer. Genau in diesem Moment. Alle elf: Máspoli; González und Tejera; Gambetta, Varela und Rodríguez; Ghiggia, Pérez, Míguez, Schiaffino und Morán.

Vielleicht findest du das blöd, aber diese Uruguayer vom Maracaná sind mein Talisman. Nicht immer. Nur wenn es wirklich drauf ankommt. Manchmal bete ich die Mannschaft herunter wie einen Rosenkranz. Oder ich stelle mir den Moment vor, bevor sie aufs Feld laufen: Ihr könnt so viel schreien, wie ihr wollt, das ist uns scheißegal, steht in ihren Gesichtern geschrieben. Oder ich sehe Ghiggia in dem Augenblick, in dem er unter dem ungläubigen Blick Barbosas den Ball durch das Nadelöhr zwängt. Wenn Uruguay 1950 es geschafft hat, hab ich mir gesagt … wer weiß …

Deshalb pfeife ich auf die Ampel und die Calle Corrientes und betrete das Café, gehe zu deinem Tisch, lächle dich an, und du schenkst mir, aus einem Reflex heraus, dein erstes Lächeln. Aber wie gesagt, es hilft mir nichts, dass du schon sieben Mal gelächelt hast. Auf das nächste Lächeln kommt es an.

Meine Chancen, dass du mich nicht wegschickst, stehen eins zu neunundneunzig.

Nehmen wir mal an, ich höre jetzt auf zu reden und

du lächelst. Dann könnte jemand von draußen reingu-
cken und sagen: »Na und? Vielleicht lächelt sie, weil sie
dich für einen Spinner hält. Oder einen Vollidioten.«
Stimmt, könnte sein. Und vielleicht ist es auch so.

Aber es könnte auch anders sein, dass du nämlich
lächelst, weil ich dir gefalle oder weil dir die Geschichte
gefallen hat. Oder beides: die Geschichte und ich. Und
womöglich sagst du, dass es auch für dich ein ganz spe-
zieller Tag ist. Ein Tag, der anders ist, anders als all die
anderen Tage, ein Tag, an dem die Logik außer Kraft
gesetzt ist und das Leben sich für immer verändert,
und womöglich denkst du das auch, nachdem ich es
dir gesagt habe, und in deinem Kopf taucht die Frage
auf, ob es nicht eine gute Idee wäre, dich auf mich ein-
zulassen, zumindest die nächste halbe Minute, bis ich
dich ins Kino oder zum Abendessen einlade, oder den
nächsten halben Monat oder das nächste Jahr oder die
nächsten vierzig Jahre.

Und vielleicht schenkst du mir, der ich seit einer
halben Stunde die Signale deines Gesichts zu lesen
versuche, jetzt ein Lächeln, damit das, was heute
passiert ist – der Wecker, der nicht geklingelt hat, die
Türkante, gegen die ich geknallt bin, die Busse, die
ich verpasst habe, die U-Bahn, zu der ich gerannt bin,
die Suipacha, die ich entlanggehetzt bin, die Ampel,
an der ich stehen bleiben musste, die Corrientes, der
ich den Rücken zugewandt, die Glasscheibe, hinter
der ich dich erblickt habe –, nur passiert ist, damit ich
mich traue, deine Hand mit meiner Hand zu streifen,
und du zurückzuckst und mir in die Augen siehst mit

deinen Augen, die so schön sind wie der Mond, und ich dich anlächle und auch du mich anlächelst, aber nicht irgendwie, sondern so, wie es sich gerade anbahnt. Siehst du? Genau so ein Lächeln.